한국의 금관

金

한국의 금관

김대환

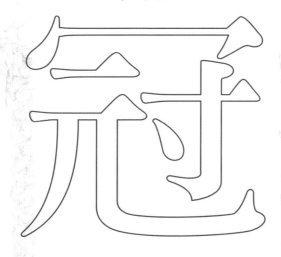

경인문화사

우리 民族의 문화는 先史時代부터 생성되어 진화와 발전, 퇴화와 소멸을 끊임없이 반복하였다. 우리 민족만의 고유한 문화를 이룩하는 과정에서 동반한 傳統 文化財는 문화의 연속성을 이어주는 매개체로서 단절된 과거와 현재를 이어주는 무지개다리 역할을 하여 민족의 정체성과 정통성을 부여해준다. 또한, 지난 역사의 뿌리를 찾아주고 현재의 우리를 일깨우며 미래의 방향을 제시해주는 중요한 민족의 資産이다. 사람들은 시간과 공간에 따라서 오고 가지만 이 시간에 존재하는 우리가 올바르게 보존되고 평가된 문화재를 後孫에게 남겨준다면, 새로운 문화의 창조만큼이나 값진 일이 될 것이다.

반면에 문화재의 잘못된 평가와 해석은 역사를 왜곡하는 행위와 같으며 심한 지경에 이르면 민족의 정체성마저 흔들리게 한다.

신라 금관의 경우에 금관의 기원과 해석에 대하여 연구자들의 입장은 서로 다를 수 있지만, 일제강점기 식민사학이 왜곡한 논리를 비판 없이 수용하여 그대로 주장하는 행위는 결코 용납할 수 없는 것이다. '신라 금관의 시베리아 기원설'은 일제강점기 어용학자에 의하여 처음으로 제기되었는데 아직도 일부 국내 연구자들은 왜곡된 논리를 지속해서 발표하고 있으며, 심지어 일부 미디어와 연계하여 국민에게 잘못된 논리를 전달하기도 한다. 문화재의 의미가 왜곡되거나 폄하되면 제자리를 찾기가 쉽지 않으며 오랜 기간 고스란히 피해를 보는 것은 문화재의 주체인 우리 국민이다. 그러기에 문화재의 올바른 해석은 후손인 우리의 무한 책임인 동시에 의무이다.

筆者는 지난 40여 년간 전국에 산재해 있는 고려청자 도요지, 조선백자 도요지를 비롯하여 무명의 절터, 국내외 문화재 발굴 현장 답사와 유물조사 등을 통하여 우리 문화재에 대한 보존, 올바른 해석과 평가를 위하여 노력해왔다.

"문화재에 대한 올바른 해석과 평가란 문화재를 이해하고 감상하며 鑑定하는 것이다. 특히, 문화재의 올바른 해석과 감정에는 인생의 전부를 투자해도 부족하다. 전공자라고 하더라도 문화재의 감정을 못 하는 것이 창피한 것은 아니다. 모르면서 아는 척하는 것이 더 창피한 것이며, 전부 알고 있다고 생각하는 것은 훨씬 더 창피한 것이다. 그리고 문화재를 實見하지도 않고 그 문화재의 감정을 論하는 자는 문화재를 논할 기본적인 자격조차 없는 자다." 이는 필자가 문화재를 대하는 새로운 연구자들에게 항상 요구하는 기본자세이다.

전 세계 古代王國에서 제작되어 현재까지 전해지는 金冠은 대략 100여 점에 불과하다. 그중에 현재까지 알려진 우리나라 금관은 고구려 금관 1점(전 평안남도 강서군 보림면 간성리 출토)과 가야 금관 2점(전 고령 출토 리움 소장 금관, 오구라컬렉션 금관), 신라 금관 7점(교동금관, 호림금관, 이사지왕금관(금관총), 서봉총금관, 금령총금관, 황남대총금관, 천마총금관)으로 모두 10점의 금관이 있다.

외국에도 고대 그리스 미케네, 미노아, 마케도니아와 에트루리아의 금관, 히타이트 금관, 스키타이 금관, 고대 메소포타미아 우르 왕국의 금관, 사산왕조 페르시아의 금관, 중남미 콜롬비아의 고대 유적에서 발견된 마야, 잉카 금관 그리고 이집트 금관 등 세계 각지에 분포되어 있다.

古代에 제작된 금관은 전 세계에 분포되어 있지만 현존하는 古代 金冠 중에 우리나라 금관의 조형미와 예술성이 가장 뛰어나다. 수 세기에 걸친 발전과 성장, 소멸의 과정을 통하여 고대 금관공예의 한 장르를 이룩하였으니 자랑스럽다. 아울러 '금관의 종주국'이란 별명이 붙을 만한 세계적인 작품들이 전해지고 있으며, 아직 발굴되지 않은 新羅의 古墳에 부장되어 있을 금관과 그동안 발굴된 銀冠, 金銅冠, 銅冠까지 포함하면 금관은 한민족을 대표하는 상징적인 문화재로 자리 잡고도 남는다.

그러나 그동안 금관의 종주국에 걸맞은 금관의 연구는 매우 미진하였다. 더구나 우리나라 금관을 제일 먼저 발굴하고 접한 일제 어용학자들의 눈높이를 벗어나지 못하여 그동안 금관의 기원과 용도, 상징적 의미가 왜곡되어왔다. 더욱더 안타까운 점은 현재까지도 이에 대응하여 자주적이고 객관적으로 금관의 기원과 상징, 의미의 논리를 제대로 펴지 못하고 있는 현실이다.(신라 금관의 상징을 사슴뿔이나 나뭇가지, 시베리아 샤먼의 관으로 스스로 卑下하고 있다.)

필자는 이미 2014년에 현존하는 實證遺物을 근거로 금관에 대한 올바른 해석을 논문으로 발표*하였다. 우리나라 금관에 대한 새로운 理論을 1차 증거자료인 當代의 실종유물을 근거로 하여 새로운 논리를 주장한 것이다. 本稿에서는 삼국시대 금관의 조형적 특징과 의미, 금관의 실용 여부, 금관의 기원에 대하여 바르게 照明해본다.

이 책이 발간되도록 도와주신 경인문화사 한정희 대표님과 편집부를 비롯한 국내외 각 기관의 지인들께 감사드리고, 항상 보고 싶은 누님 故 김혜주 박사의 영전에 이 책을 바친다.

단기 4353년   原禪 金大煥

* 김대환. 「삼국시대금관의 재조명」, 「동아세아 역사문화논총」, 서경문화사. 2014년. 논문 발표 후, 현존하는 전 세계 고대 금관의 수는 100여 점으로 확인되어 위 논문에서 현존하는 세계 고대 금관의 수량을 100여 점으로 바로 잡는다.

《한국의 금관》

고구려 불꽃무늬금관

백제 신촌리 출토 금동관

신라 금관(호림)

신라 교동금관

신라 황남대총금관

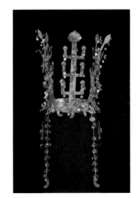

신라 이사지왕금관

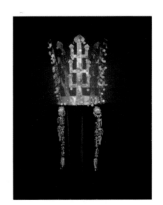

신라 금령총금관

신라 서봉총금관

신라 천마총금관

가야 금관(리움, 상)
가야 금관(도쿄박물관, 하)

차 례

I. 고대 세계의 금관

II. 고대 한국의 금관

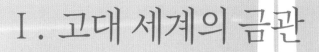

I. 고대 세계의 금관

1. 메소포타미아, 히타이트, 아시리아 금관

인류의 고대 문명이 발생하고 도시국가 체계가 정립되면서 국가를 통솔하는 지배계급의 통치자들은 피지배계급과 구분되기를 원했다. 신분적 차등은 정치 권력과 함께 의복이나 장신구를 통하여 표출되었고 고대 국가로 접어들면서 절대왕권의 신성함을 강조하게 되는데 화려한 복장과 장신구는 통치자에게 부여된 권력의 정당성을 피지배계급이 당연히 받아들이게 하는 역할을 하기도 하였다.

통치자는 의복은 물론이고 귀걸이와 목걸이, 팔찌 등 귀금속으로 온몸을 치장하였으며, 신체에서 가장 중요한 머리에도 화려한 冠을 쓰고 통치의 위엄과 신성함을 동시에 나타내어 범접할 수 없는 존귀한 존재로 인식되게 하였다.

특히, 머리에 쓴 冠은 신체 부위에서 가장 높고 눈에 잘 띄어 고대 국가의 통치자들에겐 위엄을 나타내는 도구로 이용되었다. 발생 지역과 발생 시기, 민족의 특성에 따라서 冠의 형태와 재질, 크기에 차이가 있지만 대부분은 가장 귀한 금속인 金으로 제작하여 '金冠'이라 통칭한다.

노란빛의 황금은 인장력이 우수하여 가공하기도 쉽고 변질되지 않아 변하지 않는 영원한 태양을 상징하기도 하여 통치자의 절대적 권위를 나타낸다. 태양을 숭상한 고구려는 시조 추모성왕鄒牟聖王의 아버지 해모수解慕漱를 태양의 아들이라 칭하였고, 고대 마케도니아 왕국의 상징도 '베르기나의 태양'이며 고대 이집트 역시 태양의 신인 '라(Ra)'를 숭배하였다. 통치자가 태양과 같은 영원한 존재로 보이고자 머리에 태양처럼 빛나는 금관을 착용한 것은 물론이고, 온몸을 금으로 치장하기도 하기도 하였다. 절대왕권의 지배자가 태양이며 神인 것이다. 세계 각 지역에서 발생한 古代 金冠은 인류의 보편적 가치와 공통의식 기반 위에서 발생하였으며, 단군의 후예인 한민족을 비롯하여 세계 곳곳에서 다발적으로 제작되어 절대 권력자와 신들의 머리를 장식

사진1 슐레이만의 황금 유물(위), 미케네의 황금관과 장신구(아래)

하기도 하였다. 따라서 메소포타미아, 미케네, 아시리아, 고대 그리스, 페르시아, 마야 문명, 인더스 문명, 아시아, 이집트, 중앙아시아 등 여러 곳이 고대 금관의 발생 지역에 포함된다.

　　1873년 독일의 고고학자 슐레이만은 터키의 고대 유적지에서 '프리아모스왕의 보물'로 잘못 알려진 황금 유물 저장고를 발견하였다. 당시 고고학자들은 이곳을 '일리온'으로 확신하였고 1820년에는 트로이라고 인식하고 있었다. 트로이 유적지는 유럽 문명의 초기 발달사에서 가장 많이 거론되며 유럽 문명의 발달을 이해하는 데 중요한 부분이다. 호메로스의 『일리아드(Iliad)』에 기록된 기원전 13세기 아테네, 스파르타 전사들의 트로이 포위 작전은 후대 유럽의 예술가들에게 창의적인 영감을 주었다. 이런 맥락에서 슐레이만의 발굴은 세기적인 성과를 얻은 것이다. 특히, 그가 발굴한 황금 유물 중에는 수천 개의 황금 조각으로 만들어진 머리 장식으로 트로이 왕비 헬레나의 유물로 추정되는 금관이 가장 돋보인다. 슐레이만의 트로이 유물들은 제2차 세계대전 중 베를린에 진주한 소련군이 약탈하여 모스크바로 가져갔고 현재 푸시킨 미술관에 소장되어 있다. 그리고 슐레이만 발굴 유물과 관련 있는 미케네 문명(기원전 17세기) 유물 중에 황금관 장식은 고대 그리스에서 가장 오래된 금관의 형태로 국립아테네고고학박물관에 소장되어 있다. 사진1

　　메소포타미아 수메르의 우르 왕국(기원전 2500년경) 무덤에서 출토된 최초 금관 형식의 유물은 머리를 완전히 덮는 투구 모양으로 얇은 금판을 타출 기법으로 두드려 만들었다. 전투용으로 사용되었을 가능도 있지만, 다른 금속(청동)에 비하여 무겁고 무르며 눈에 잘 띄는 금으로 제작한 이유는 실용성보다는 통치자로서 화려함과 위엄을 과시하기 위함일 것이다. 황금투구의 가장자리는 內帽와 연결되었던 바늘구멍이 촘촘히 나 있고 턱에 고정한 한 쌍의 턱 끈 구멍도 있다. 양쪽의 귀 부분은 뚫어서 소리가 잘 들리게 하였으며 깃털 모양의 문양으로 금판을 섬세하게 조각하였다. 또한 왕국의 발굴 작업 중에 출토되어 현재 대영박물관에 소장된 푸아비(Pu abi)왕비의 금관은 금판으로 제작한 나뭇잎과 별 모양의 세움 장식에 원형의 고리를 연결한 화려한

사진2 우르왕의 황금투구와 무덤 발굴 현장

사진3 우르 왕비의 금관 출토 상태(좌)와 복원된 금관(우)

장식으로 구성되어 있다. 사진2, 사진3

　출토된 두 점의 우르 왕국 금관은 당시 수메르인들의 금세공 기술이 상당히 높은 수준이었던 것을 알 수 있으며, 동시에 통치자의 막강한 권력도 추정할 수 있다.

　우르 왕국의 발굴은 제1차 세계대전이 끝난 후에 H.R.홀이 발굴을 시작하였고, 이어서 대영박물관과 미국 펜실베니아대학이 공동으로 발굴단을 구성하여 찰스 레오나드 울리(Charles Leonard Woolley)의 지휘 아래 1922년부터 1934년까지 본격적으로 발굴하여 커다란 성과를 얻었다. 이라크 유프라테스강 유역에 위치한 우르 왕국의 무덤에서 출토된 많은 양의 유물을 통해 메소포타미아 문명의 실체를 파악할 수 있게 된 것이다. 특히 무덤에서 출토된 우르 왕국 왕과 왕비의 금관은 전 세계에서 가장 이른 시기에 제작된 고대 금관에 속한다.

　기원전 1900년경 고대 아나톨리아에서 발흥한 히타이트는 주변의 도시국가들을 통합하면서 강력한 제국으로 성장하였다. 기원전 1200년경에는 세계 최초로 철을 주조하고 농기구나 병장기에 튼튼한 철기를 이용하여 커다란 제국을 이루는 데 결정적인 기반이 되었다. 현재 터키의 아나톨리아 문명박물관에 소장된 4점의 히타이트 금관은 기원전 1900년경에 제작된 금관으로 금관의 세움 장식이 없고 단순한 띠 형태이다. 사진4

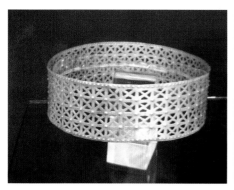

사진4　히타이트 금관(좌)과 아시리아 금관(우)

2. 이집트 금관

이집트의 금관은 유구한 역사와 더불어 금관의 형태도 다양하다. 왕족과 귀족이 사용한 금관의 차이는 금관 앞면에 달린 우라에우스(Uraeus, 코브라)로 구분할 수 있는데 왕족만이 우라에우스를 장식할 수 있었다. 착용 방법은 머리에 두건(Nemes)을 두르고 그 위에 금관을 끼워 쓴 경우가 대부분이다.

현존하는 이집트의 금관 중에 금관 주인이 확실한 것 가운데 가장 이른 시기에 제작된 것은 이집트 중왕국에 속하는 제12왕조(기원전 1991년~기원전 1782년)의 '시트 하토르 이우넷' 공주의 금관과 귀족 출신인 '크누미트' 금관 등 모두 3점이다. 약 4,000년 전에 제작된 것으로 착용한 이가 확실하게 밝혀진 가장 오래된 금관이다.

'시트 하토르 이우넷'의 금관은 왕족만 사용할 수 있는 우라에우스를 청금석으로 감입하여 금관 테의 정면에 부착하였고 나머지 부분에는 일정한 간격으로 흰돌을 감입한 꽃모양 장식을 붙였다.

양옆과 뒷면에는 기다란 두 줄의 금판 드리개 장식을 늘어뜨리고 세움 장식은 뒷면에 올려세웠다. 금관 정면에 코브라 모양의 우라에우스는 신성한 왕권과 통치권을 상징한다. 금관 테와 드리개 장식, 세움 장식은 얇은 금판을 오려서 만들었고 우라에우스와 꽃모양 장식은 별도로 제작하여 금관 테를 뚫어서 금못으로 이어서 붙였다. 그리고 금관의 뒷부분은 기다란 세움 장식과 드리개 장식을 고정시켰으며 양옆으로는 두 줄의 금판 드리개 장식을 늘어뜨렸다. 사진5

왕족이 아닌 크누미트의 금관에는 코브라 모양의 우라에우스가 없고 청금석과 홍옥을 감입하여 화려하게 제작하였다.

금관 중 한 점은 청금석과 홍옥을 감입하여 연꽃과 파피루스를 형상화한 금관 테와 세움 장식을 만들고 정면 중앙에는 잎이 달린 높은 나무 한줄기를 세워 화려하다. 다른 한 점은 금관의 양식이 전혀 다르게 제작되었는데 세움 장식은 없고 6개의 십자형 장식을 중심축으로 세 줄기의 금사金絲가 연결되어 별모양의 꽃과 과일이 넝

사진5 시트 하토르 이우넷 공주의 금관과 금관의 부분

쿨 속에 매달려 엮어진 모양이다. 사진6

　　기원전 14세기에 조성된 투탕카멘의 무덤에서는 유명한 황금 마스크와 함께 금관도 출토되었다. 이 금관은 폭이 좁은 테에 태양을 상징하는 둥근 홍옥을 촘촘하게 붙였고 금관 정면에는 코브라 모양의 우라에우스와 독수리 머리를 나란히 붙였다. 금관 드리개 장식은 코브라가 내려오듯 길게 뻗어 있다. 기본적으로 시트 하토르 이우넷 공주의 금관과 같은 형식으로 수백 년에 걸친 파라오 금관의 변천 과정을 추정할 수 있게 하는 중요한 유물이다. 사진7

　　무덤의 벽화에는 투탕카멘이 금관을 쓴 모습이 그려져 있는데 무덤에서 출토된 금관과 같은 모양으로 이집트의 금관은 실생활에서 사용된 것으로 보인다.

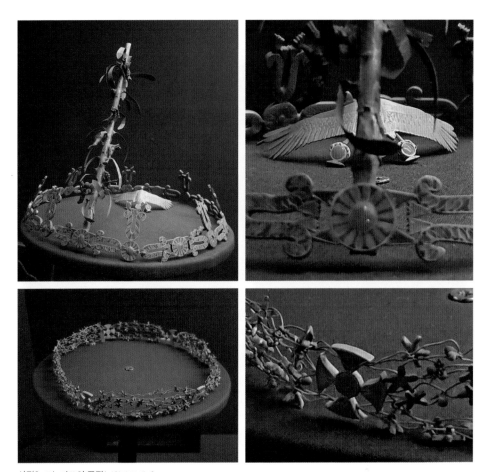

사진6 크누미트의 금관(기원전 20세기)

이 시기에는 단순한 형태의 꽃모양 장식 금관도 있는데 왕족이 아닌 귀족의 금관으로 보이며, 귀족들도 여러 종류의 금관을 신분에 맞게 사용한 것으로 추정된다. 이 금관은 단순한 형태로 금관 테에 같은 종류의 꽃송이 16개를 매달았는데 꽃잎과 자방으로 결합한 모양을 금실로 꿰매어 달았다. 금관 테와 꽃 장식은 모두 금판을 오린 후에 틀에 찍어서 제작하였는데 여성용으로 추정된다. 사진8

사진7 투탕카멘의 금관과 금관을 쓴 투탕카멘 벽화(위), 무덤 내부(아래)

사진8 이집트 신왕국의 꽃송이를 매단 금관

헬레니즘 시대 이집트의 금관은 마케도니아 장군 출신인 프톨레마이오스 1세가 이집트를 통치하면서 커다란 변화를 가져온다. 전통적인 이집트 상징물이 사라지고 고대 그리스 양식과 접목된 새로운 형태의 금관이 등장한다.

금관 테의 앞면 중앙에는 알렉산드리아에 있는 그리스식 신전인 세라피움을 세우고 그 안에 이집트의 습합신인 세라피스(오시리스-아피스)를 조각하여 붙였으며, 양 옆으로 넓은 잎의 식물과 열매를 붙여 장식하였다.

얇고 폭이 좁은 금관 테에 장식물을 금사로 엮어서 매달았으며 금관 뒷부분 관

사진9 헬레니즘시대 이집트 금관(기원전 4세기~기원전 1세기)

테의 결구는 고리를 만들어서 연결하였다. 전통적인 이집트 금관의 특징은 모두 사라지고 그리스 금관에 더욱 가까워진 모습이다. 사진9

　　누비아 문명은 이집트 남부(아스완 지역), 아부심벨과 현재의 북수단 지역(하르툼 지역)을 포함한다. 기원전 8세기경 흑인 파라오가 된 피안키는 이집트왕국의 혼란을 틈타서 이집트를 정복하고 이집트 25왕조를 열었다. 이른바 '블랙 파라오(Black Pharaoh)'시대를 맞이한 것이다. 이후 아시리아의 침입으로 통치권을 잃고 고향으로 물러났으나,

사진10 누비아 은관(위)과 이집트, 히타이트 금관의 비교(아래)

그리스 헬레니즘 문화와 비잔틴 제국의 기독교 문화를 적극 수용해서 4~6세기경에는
누비아 지방에서 새로운 문명을 꽃피우게 된다. 이 시기에 아스완 발라나 지역에서 출
토된 독특한 양식의 은관들은 이집트와 누비아의 문명이 결합된 형태로 제작되어 나
타난다. 누비아의 은관들은 넓은 관테에 이집트 호루스의 눈이 일정한 배열로 붉은 마
노석과 함께 표현되었고 양의 머리가 관테에 함께 달리기도 한다. 세움 장식은 매와
양머리, 뱀 등 이집트의 신성물을 사용하였으며 화려하고 커다랗게 제작되었다. 사진10

3. 스키타이 금관

고대 그리스 박트리아(기원전 246년~기원전 138년)는 마케도니아의 알렉산더왕에 의한 동방 원정과 제국의 분열로 인하여 현재의 아프가니탄 북부에 해당하는 중앙아시아에 생겨난 스키타이계 제국이다. 그리스인이 지배층으로 그리스 언어를 사용하고 그리스의 신들을 숭배하였으며 그리스 사회·정치제도를 따랐다. 그로 인하여 제국의 멸망 후에도 중앙아시아에 그리스 문화를 바탕으로 한 헬레니즘 문화가 번성하게 되었다. 박트리아는 내부 분열과 파르티아의 침공으로 세력이 약화되어 유목민 집단인 대월지 세력과 스키타이종족인 사카(Saka)족에게 정복되어 멸망하였다. 이후 1세기경 이 지역에서 스키타이종족이 번성하였으나 페르시아와 쿠샨 왕조의 세력 확장으로 사라지게 된다.

1978년 빅토르 사리아니디(Viktor Sarianidi)를 단장으로 구소련과 아프가니스탄의 발굴단이 틸리아 테페(Tillya Tepe)라는 낮은 언덕의 무덤을 발굴하였는데 오래전에 폐허가 된 배화교의 신전 터였다.

이곳 6기의 무덤에서 모두 21,618점의 금·은·상아 장신구 등이 출토되었으며, 중앙에 1기의 남성 무덤을 중심으로 5기의 여성 무덤이 확인되었고 금관은 여성 무덤(6호 무덤)에서 출토되었다. 사진11

이 금관은 관테와 5개의 세움 장식이 있으며, 중앙의 약간 큰 세움 장식과 나머지 4개의 세움 장식으로 구성되었다. 금관은 탈부착이 가능하여 이동과 보관이 편하도록 제작하였다. 모두 얇은 금판을 오려내어 제작하였으며 별도로 제작한 화려한 누금 꽃장식과 달개 장식을 달았다. 달개 장식은 하나의 구멍을 뚫어서 금실로 매다는 방식으로 우리나라 삼국시대 달개 장식 부착법과는 확연히 다르다. 우리는 두 개의 구멍을 뚫어 달개 장식을 관통하여 꼰 뒤 금판의 뒷면에 결구하여 매다는 방식으로 금속판의 중앙에도 부착할 수 있지만, 이 금관의 달개 장식은 금판의 가장자리에만 부착이 가능하고 금판의 중심부에 매달기는 곤란하다. 사진12

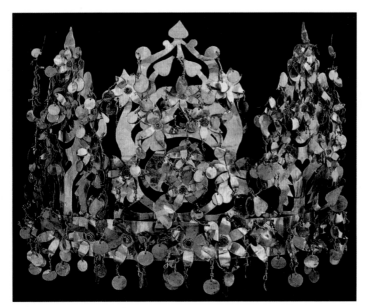

사진11 틸리아 테페 6호 무덤 출토 금관

　이 금관의 세움 장식은 나무에 핀 꽃과 나뭇가지에 앉아 있는 독수리를 형상화한 것으로 울창한 나무는 스키타이 유목민족의 상징이며 독수리는 고대 그리스의 영향으로 제작된 것이다. 독수리는 그리스 신화에서 제우스의 메신저 역할을 하기도 하고 제우스를 상징하는 신성한 동물이다.

　따라서 금관 세움 장식의 나무와 독수리는 스키타이와 헬레니즘 문화의 접목을 보여준다. 사르마트 금관에도 테 부분에 독수리를 별도로 조각하여 붙였는데 그 의미와 발생 동기는 이 금관과 비슷하다. 사진13

　국내 일부 연구자들이 이 두 금관의 독수리를 우리나라 신라 서봉총금관의 봉황과 밀접한 관계가 있는 것처럼 연결하는 경향이 있는데 동양의 봉황(봉황은 상서로운 길조이며 태평성대에 등장하는 상상의 새로서 최고 권력을 상징한다.)과 그리스 신화에 등장하는 독수리의 의미(제우스)는 전혀 다르고 관련도 없다. 봉황은 스키타이 문화에 등장하는

사진12 천마총금관(좌)과 틸리아 테페 금관(우)의 달개 장식 부착 형태

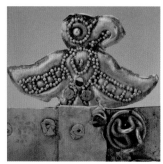

사진13 (스키타이 금관, 사르마트 금관, 틸리아 테페 금관)의 독수리

기러기같은 일반적인 새들과도 엄연히 품격과 의미가 다르다. 사진14

　　오히려 틸리아 테페 금관은 일본 후지노키 고분에서 출토된 금동관과 더 관계가 있어 보인다.(나뭇가지 끝부분의 표현 방식과 세움 장식의 의미 등이 비슷하다.) 사진23

　　이 무덤에서 금관과 함께 출토된 금화(고타르제스1세 모방 금화)는 기원전 1세기에 제작된 것으로 금관의 제작 시기를 추정하는 결정적 단서가 되었으며, 기원전 1세기

사진14 서봉총금관의 봉황, 고구려 금동봉황장식, 백제 금동용봉문향로의 봉황

이후에 제작된 것으로 추정된다. (박트리아 왕국이 멸망한 후 자리 잡은 또 다른 스키타이)

　　한편, 2호 무덤에서 출토된 인물상의 드리개 장식에도 머리에 착용한 관을 볼 수 있는데 실제 사용된 금관으로 추정되며 당시에도 여러 형태의 금관을 사용했다고 미루어 생각할 수 있다. 사진16

　　사르마트인은 기원전 2세기부터 기원후 4세기경까지 흑해 연안과 러시아 사이에 자리 잡은 유목민족의 일부로 동방의 스키타이 계열로 추정된다. 고대 그리스 박트리아나 사카족의 스키타이인과 인도 쿠산 왕조와 병행하여 번성한 민족이다. 중앙아시아의 여러 국가처럼 고대 그리스와 로마의 문화에 큰 영향을 받았으며 금세공품은 헬레니즘과 스키타이 문화가 융합되어 나타난다.

　　흑해 북쪽 로스토프 부근의 노보체르카스크 호흐라치 무덤군에서도 금관이 출토되었다. 이 금관의 세움 장식에 나타나는 새와 사슴, 나무와 금관 테 아랫부분에 매달린 나뭇잎 장식들은 스키타이 전통 문양이고, 테에 있는 여신상이나 독수리는 고대 그리스와 로마를 대표하는 상징물이다. 특히, 테에 감입되어 있는 보석들은 고대 로마의 보석 감입제작술과 상통하며 이런 금 세공품의 제작은 고대 그리스나 로마의 장인들이 제작했을 가능성이 높다.

　　금관 테는 세 부분으로 나뉘어 경첩을 달아서 착용할 때 편리하도록 접이식으로

사진15 스키타이 금관

사진16 박트리아 인물 장식

되어있다. 테에 부착된 여신상이나 독수리는 별도로 제작한 것이며, 세움 장식과 달개 장식 모두 별도로 제작하여 금관 테에 붙였다. 관테에 매단 달개 장식은 암포라를 매달았던 그리스식이며 나중에는 암포라 대신에 나뭇잎으로 변했다. 세움 장식의 동물과 나무는 사실적으로 표현했으며 추상화된 표현은 없다. 세움 장식의 사슴과 나무, 새는 금관의 중심을 기점으로 대칭이 되며 서로 마주 보는 형상으로 스키타이 전통 문양이다. 금관테에 붙인 여러 종류의 보석은 이 금관의 예술성을 한층 높여주며 보석의 위치와 크기도 여신상을 중심으로 대칭이 되도록 감입하여 고대 로마 문화와 그리스 영향이 짙게 나타난다. 사진17

본래 고대 스키타이는 기원전 9세기경부터 러시아의 남부와 동유럽을 근거지로 제국을 건설하였으며 전성기에는 서시베리아와 코카서스, 카스피해 동부까지 진출하였다. 이란계 유목 민족이란 설이 유력하며 아케메네스 왕조 페르시아의 다리우스왕과 전쟁을 벌여 승리할 정도로 강력한 제국을 형성하였고, 고대 그리스 마케도니아와 인접하여 교역에 따른 그리스의 선진 문화를 받아들였다. 알타이 지방의 황금 원석과 모피를 그리스의 금 세공품과 교역하였으며 지금도 흑해 지방의 드네프르강 주변과 중앙아시아에서 스키타이의 황금 유물이 다량 출토되고 있다. 이 황금 유물들은 사르

사진17 사르마트 금관과 여신상(위), 그리스 암포라 목걸이, 금관의 여신상(아래)

마트의 금관이나 틸리아 테베의 금관에 영향을 미친 스키타이의 원류로 볼 수 있으며, 제국은 기원전 3세기를 전후하여 켈트 왕국의 압박으로 서서히 세력을 잃어가게 된다. 제국의 전성기인 기원전 8세기~기원전 7세기에 제작된 스키타이의 금관은 꽃과 새, 동물 장식이 주류를 이룬다.

　사진18은 기원전 7세기경에 제작된 금관으로 높이가 3.7cm이고 둘레는 66.8cm이며 1903년에 북서 코카서스 지방에서 발굴되었다. 여러 개의 금관을 이어 붙여서

금관 테를 만들고 관테의 윗부분은 새(제우스를 상징하는 독수리)와 둥근 원판을 번갈아 배치하였으며, 테의 중앙에 붉은 보석을 박은 꽃을 중심으로 새와 꽃을 번갈아 부조하고 매달았다. 금관 테의 아랫부분에는 일정한 간격으로 꽃을 달았다. 꽃과 새의 세부 표현은 鏤金으로 장식하였는데 꽃술에 수십 개의 금 알갱이를 붙여서 일반화된 鏤金技法의 진수를 볼 수 있다. 금관 테에 매단 장식들은 구멍을 뚫고 짧은 금실을 넣어서 테의 안팎을 두드려서 리벳을 고정시키는 방식처럼 부착하였다. 금관의 뒷부분에 3단의 연결고리를 만들어서 끈으로 묶을 수 있게 하였다. 꽃과 새가 어우러진 세련된 조합의 금관이다.

사진19는 기원전 7세기경에 제작된 금관으로 테의 높이가 1.7cm이고 둘레는 64.5cm이며 1904년 북서 코카서스 지방에서 발굴되었다. 그리페스(Grypes)의 머리를 정면에 배치하였고 금관테의 가장자리에 金絲를 대고 말아서 날카로움을 해소하였다. 그리페스의 눈에는 원래 보석이 박혀 있었던 것으로 추정되지만 결실되었고, 기다란 목에는 4줄의 장식을 감았다. 금관 테에는 별도로 주조한 꽃 장식을 촘촘하게 달고 금관의 뒷부분에 1단의 고리를 만들었으며 두 개의 사슬을 만들어 끝에 양머리를 드리개 장식처럼 매달았는데 양머리 장식은 유목민의 대표적인 상징물이다. 금관 테의 아랫부분에는 원추형 달개 장식을 금사로 엮어 촘촘히 매달았는데 후대에 만들어진 사르마트 금관에 영향을 준 것으로 보인다.

사진20은 가장 오래된 스키타이 금관 중 하나로 추정되는데 3줄의 금사슬로 엮인 특이한 금관이다. 금관의 길이는 63cm이고 1763년에 흑해의 북쪽 지방에서 출토되었다. 9개의 꽃 장식에 3줄의 금사슬을 통과시켜 금관의 띠를 만들었는데 가운데의 꽃에만 보석을 달았다. 10개의 꽃잎과 꽃술 주변에는 누금을 붙였으며 뒤편의 이음 부분에 고리를 만들어서 묶을 수 있게 하였고 드리개 장식에 여러 개의 금구슬을 매달아 내렸다. 이 금관의 특징은 쉽게 접어 작은 부피로 만들 수 있어서 이동과 보관이 편리한 장점이 있다. 금관 테에 해당하는 여러 겹의 금사슬은 치밀하고 정교하며 튼튼하게 만들었으며 맨 앞면의 꽃에는 보석을 넣었다.

사진18 스키타이 금관(기원전 7세기)

사진19 스키타이 금관(기원전 7세기)

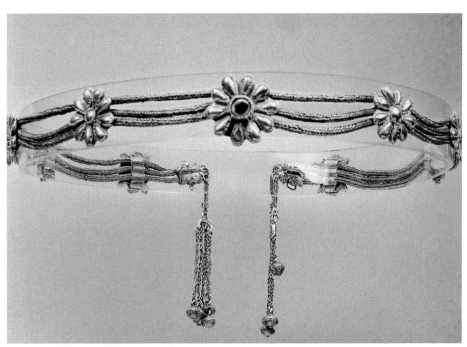

사진20 스키타이 금관(기원전 8세기~기원전 7세기)

스키타이종족인 카자흐스탄의 '황금인간'은 피장자의 의복과 모자에 다양한 종류의 금 장식을 매달아서 화려하게 치장하였다. 제사장이나 정치적 권력자로 추정되는 황금인간의 모자에는 나무 위에 새가 날아가는 장식이 빙 둘러 달려 있다. 여기에 등장하는 새의 의미와 신라 서봉총금관의 새(봉황)의 의미는 확연히 다르다. 단순히 금관에 새가 등장한다는 이유로 스키타이와 신라를 무리하게 연결 지을 것은 없다. 금관에 등장하는 새의 의미가 다르기 때문이다. 같은 새라고 연결하여 생각한다면, 금관에 새 날개가 항상 등장하는 사산조 페르시아 금관과도 연결고리가 형성되기 때문이다. 또한, 흉노와 선비족의 머리 장식에도 새가 등장하고 아메리카 인디언들도 새를 숭상하여 鳥葬을 했는데 이 모두를 억지로 연결해야 하는 상황에 빠지게 된다. 세계 각 지역의 고대인들이 새를 숭상한 것은 인류의 공통분모일 뿐이지 스키타이와 신라만의 특별한 관계는 아니다.

1969년 소련의 고고학자 아키셰프(K. A. Akishev)가 이시크 쿠르간에서 발굴한 고대인의 무덤에서 기원전 4세기경에 조성된 '황금인간'을 발견하였다. 무덤의 주인공은 뾰족한 모자를 쓴 스키타이계인 사카족 청소년으로 온몸은 황금 장식으로 덮고 있었다. 발굴자들은 무덤의 주인공을 왕이나 왕자, 왕족급의 상류층으로 추정하였고 현재는 카자흐스탄의 국가적 상징물이 되었다. 사진21

고깔형 모자에는 여러 종류의 금 장신구가 붙어 있는데 작은 산, 호랑이, 산양, 나무 위에 앉은 새 등으로 사카족의 주 활동 무대인 초원을 의미한다. 기원전 7세기경 흑해 연안에서 활동하던 스키타이종족과 동질의 문화를 형성하였으며 상상의 동물인 그리페스를 금 장신구로 많이 활용하였다. 특히 모자에 매달려 있는 새 장식을 신라 서봉총금관의 봉황과 연결 지어서 신라 금관을 스키타이계 금관으로 오인하게 하고 있다. 그리고 황금인간의 '고깔형 모자'는 모자에 금 장식을 붙인 것으로서 금속이 기본 골격을 이루는 '금관'과는 다른 맥락이다. 사진21

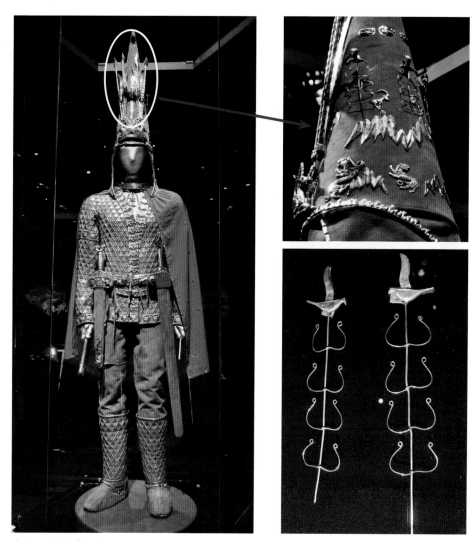

사진21 스키타이 황금인간(좌)과 고깔형 모자 장식의 새(우)

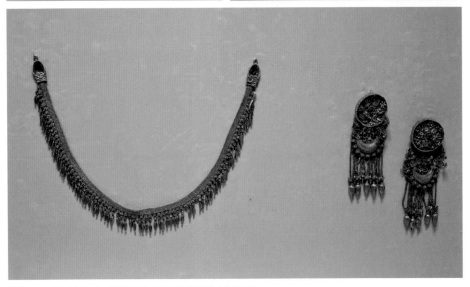

사진22 스키타이, 사르마트 금관(위)과 그리스 달개 장식(아래)의 비교

사진23 틸리아 테페의 금관(위)과 일본 후지노키고분 금동관(아래)

4. 그리스와 로마 금관

고대 그리스는 금관이 도시국가 별로 제작되어 그리스 신화의 신들에게 먼저 사용되었다. 가장 대표적인 유물은 기원전 6세기에 제작된 머리띠 형태의 은제도금 금관으로 델피유적에서 출토되었고, 기원전 4세기에 제작된 에트루리아 금관은 프랑스 루브르박물관과 이탈리아 피렌체 국립고고학박물관, 그리스 테살로니키 국립고고학박물관 등에 소장되어 있다. 특히, 기원전 4세기 고대 그리스 마케도니아 왕국의 금관들은 주로 꽃과 열매, 나뭇잎, 여신상을 소재로 제작되었으며 얇은 금판을 오려 붙이고 금실로 엮어서 만들었고 얇은 금판을 제작하는 기법과 정교하게 조각하는 예술적 감각이 뛰어났다. 고대 에트루리아와 그리스 도시국가들은 왕과 신에게 금관을 씌움으로써 종교적인 힘과 정치적인 권력을 정당하게 누릴 수 있었다. 사진24, 사진25, 사진26

사진24 고대 그리스 델피유적의 황금 유물들

고대 그리스인들이 금관을 언제부터 착용하였는지 정확한 기록은 없지만, 신들을 위한 금관 제작에서 시작하여 인간들도 사용하였다. 현재 남겨진 여러 유물을 통해서도 당시에 금관을 착용한 것을 확인할 수 있는데, 고대 그리스의 채색도기나 벽

사진25 월계수잎 금관(기원전 4세기)

사진26 포도나무 금관과 도금양꽃나무 금관(기원전 4세기)

화, 은공예품, 대리석 조각 등에 나타난다. 사진27

　　당시 제작된 鑄貨에도 머리에 관을 쓴 인물을 볼 수 있는데 고대 그리스 이오니
아(기원전 150년~기원전 143년)의 은화에도 머리에 관을 쓴 인물이 있고 기원전 75년에
제작된 페니키아 은화에도 관을 착용한 인물상이 있다. 머리에 착용한 관의 재질은
확인이 불가능하지만 금관일 확률이 높다. 사진28

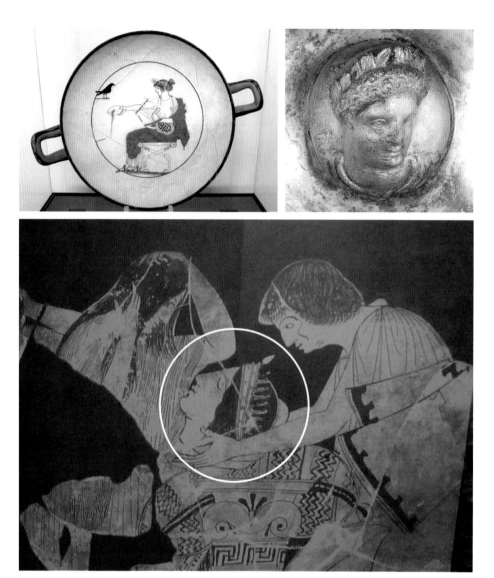

사진27 채색도기, 은공예품(위)과 벽화에 나타난 금관(아래)

사진28 금관으로 추정되는 관을 착용한 고대 그리스 주화

그 유명한 '아르키메데스와 금관'의 일화에서도 금관의 존재가 확인되기 때문이다. 또한, 고대 그리스인은 스키타이인에게 문화적 영향을 끼쳐서 사르마트 금관이나 헬레니즘 시대 이집트 금관, 박트리아 금관의 제작에도 직접 관여하거나 큰 영향을 주었다.

머리에 관을 쓰는 풍습은 고대 로마 포투머스황제(259년~268년)의 은화에도 볼 수 있다. 이외에도 고대 로마 주화에 등장하는 인물들은 대부분이 神이나 王으로, 머리의 관은 금관으로 추정되며 실생활에서 금관을 착용한 것으로 보인다. 사진29, 사진30

5. 페르시아, 인도, 아메리카의 금관

고대 아케메네스 왕조 페르시아 제국의 3대 왕인 다리우스 1세(기원전 550년~기원전 486년)는 그리스와 이집트 일부를 점령하고 최고의 전성기를 누리며 주변국을 압박하였다. 현재 남아 있는 다리우스 1세 관련 유물 가운데 당시 제작된 금화와 베이스

사진29 포투머스 로마황제의 은화와 에트루리아 금관

사진30 에트루리아 금관

사진31 베이스툰 암벽화와 다리우스 1세의 금화에 왕관을 착용한 모습

툰 암벽의 부조에서 금관을 착용한 다리우스왕이 확인된다. 특히 암벽 부조에 조각된 왕관은 투각 장식으로 보이는 화려한 꽃무늬 관테에 삼각형 모양의 낮은 세움 장식이 달려 있어 금관의 화려함도 볼 수 있다. 사진31

사산 왕조 페르시아 제국(226년~651년)에 이르면 이란 신화에서 달을 상징하는 마(Mah)와 승리를 상징하는 날개 장식, 성곽 모양의 세움 장식이 왕관을 구성하는 요소로 등장한다. 그리고 왕관에 모자 뚜껑에 해당하는 덮개가 생기는데 코림보스(Korymbos)라고 하며 비단으로 만든 주머니 형태로 정수리 부분의 머리카락을 넣는 역할을 하였다.

이 시기에 왕관은 통치자의 상징으로 여겼는데 나르세왕에게 아나타나 여신이 왕관을 하사하는 파이쿨리 암벽화에서 잘 나타난다. 이 암벽 부조는 왕위를 찬탈한 나르세왕이 女神으로부터 통치의 상징인 왕관을 받는 장면을 조각하여 왕위 찬탈의 정당성을 세상에 알리기 위한 수단으로 제작된 것이었다. 왕관이 통치권을 상징하는 장면으로 당시 왕관의 의미를 잘 알 수 있는 유적이다. 사진32

당시에 제작된 왕관은 많이 남아 있지는 않지만, 관련된 유물을 추정하면 왕관을

사진32 파이쿨리 암벽화

사진33 왕관을 쓴 청동상

착용했던 왕들의 모습을 알 수 있다. 바흐람 2세로 추정되는 은제 흉상과 은접시의 인물에는 전형적인 사산 왕조 페르시아왕의 왕관이 확인되는데 왕관 부분을 金鍍金한 것으로 미루어 실제 왕관의 재질은 금으로 만든 것임을 알 수 있다. 사진34

그리고 사산조 페르시아왕의 역대 왕관을 가장 잘 확인할 수 있는 유물은 역대 왕의 인물상이 찍혀 있는 鑄貨이다. 주화에 나타난 왕관의 모양은 약간씩 다르지만, 달을 상징하는 마(Mah)와 승리를 상징하는 날개, 코림보스를 갖춘 기본형식은 일정하다. 사진35

사진33의 청동 흉상은 왕관의 크기가 너무 커서 항상 착용하기는 어려워서 왕의 집무실 등에 걸어두었다가 신하나 사신 등을 접견할 때만 사용하여 일명 '걸개왕관' 이라 불기기도 하였다.

인더스강 유역에서 발생한 고대 인더스문명(기원전 2500년~기원전 1500년)의 하라파와 모헨조다로 유적은 하수시설까지 갖춘 바둑판 모양의 대규모의 계획도시인데 1,000여 곳 이상의 도시나 마을로 구성되어 있다. 자연신을 숭배하는 토테미즘을 종교로 삼았을 것으로 추정되지만 왕궁이나 신전의 흔적은 미확인 상태라서 통치체제

사진34 왕으로 추정되는 은제 흉상과 접시(부분)의 왕관

사진35 주화에 나타난 사산조 페르시아 왕들의 왕관(242~628년)

나 정치적 집단은 알려지지 않고 있다.

　　인더스문명의 여러 신 중에 결가부좌를 틀고 앉아 설법하는 시바(Shiva)신이 조각
된 印章에는 머리에 착용한 기다란 뿔이 달린 관이 확인된다. 사진36

사진36 시바신이 조각된 인장   사진37 카니슈카왕의 금화

인도 쿠샨 왕조(78~226년)의 카니슈카왕은 박트리아 지방의 쿠샨족으로 인도 북부의 그리스인을 몰아내고 페르시아의 동부 변경과 중국 한나라의 서부 변경을 점령하고 인도대륙의 중부까지 차지하여 광대한 제국을 건설하였다. 당시에 제작된 카니슈카왕의 금화에 왕관을 착용한 모습이 보인다. 사진37

아메리카 대륙의 킴바야 유물(Quimbaya artifact)은 페루의 나스카 근처 콜롬비아의 고대 유적에서 발견된 황금 유물이다. 이 고대 유물의 작은 인물상들은 여러 형태의 관을 머리에 착용했는데 화려하고 복잡하며 신체에 비해 상당히 큰 규모로 볼 수 있다.

고대 마야 제국의 무덤에서 출토된 황금 장신구들은 피장자의 신체에 직접 사용한 장신구로 보이며, 머리에 금관을 비롯하여 얼굴 가리개, 배 가리개, 팔찌, 발찌, 귀걸이 등 모두 실 사용품을 부장한 것으로 추정된다. 머리에 착용했던 금관은 아무런 무늬가 없고 단순하며 각기 한 개의 구멍을 뚫어서 고정시켰다. 사진38

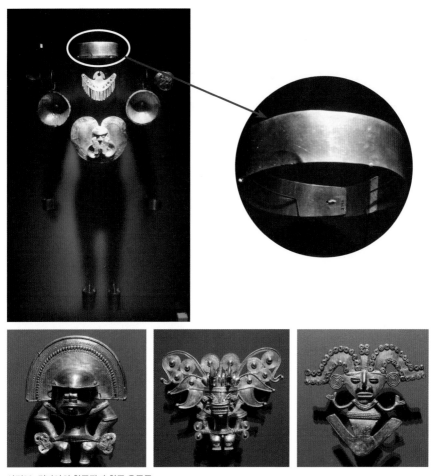

사진38 킴바야의 황금관과 황금 유물들

6. 동아시아의 금관

돌궐 칸의 제사 유적에서 발견된 이 금관은 관테와 세움 장식의 형식으로 되었지만 한 장의 금판으로 만들었다. 관테에 해당하는 부분은 상단에 19개의 구멍이 있

돌궐 제국 칸의 금관(몽골 국립박물관, 몽골 국보)

고 하단에는 19개의 구멍과 양끝에 2개의 구멍이 더 있다. 이 구멍들은 內冠과 붙였던 흔적으로 볼 수 있으며 내관의 재질은 부드러운 비단이나 가죽으로 만들었을 것으로 추정된다.

관테에는 5개의 보석을 붙였던 자리가 있고 5개의 세움 장식에는 모두 9개의 보석을 붙였던 자리가 있다. 정면의 세움 장식에는 보석을 입에 문 봉황의 머리 부분을 별도로 제작하여 붙였으며 몸통과 날개 문양은 세움 장식에 조각하였다. 양옆의 세움 장식에는 당초 문양을 새겼으며 관테 역시 당초 문양을 조각하였다. 문양의 조각기법은 打出技法을 사용하였으며 바탕은 魚子文으로 마감했다. 사진39

반원통형 나무틀에 금관을 부착하고 두들겨서 만들었는데 고려시대 유행하던 타출 문양의 원시적인 기법이 나타난다. 세부 장식이 정교하지 못하고 거친 면이 있으나 보석을 嵌入한 화려한 금관이다.

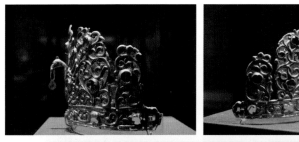

사진39 금관의 측면(위)과 뒷면(아래)

금관 테는 머리 뒷부분에 연결되지 않고 관자놀이 부근에서 끝나며 고리를 달았는데 가죽끈 등을 연결하여 머리에 고정시켰던 것으로 보인다. 이 금관의 제작기법이나 문양으로 추측하면 나중에 거란족의 요나라 금관에 영향을 준 것으로 볼 수 있다. 사진41

일본은 고분시대(5~6세기) 후나야마무덤, 후지노키무덤에서 금동관이 출토된 사례가 있고 군마현에서 관을 쓴 하니와가 출토되어 고대 일본의 수장들도 관을 착용하였다는 것을 알 수 있다. 현존하는 금관은 없으나 가야나 신라의 영향을 받은 요소가 확인된다. 사진43

사진40 퀼테킨 두상의 봉황 장식관(좌)과 선비족의 봉황 금장식(우)

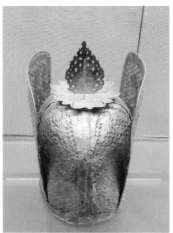

사진41 요나라 은관, 금동관의 봉황 무늬

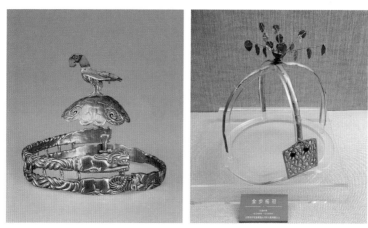

사진42 흉노의 금관 장식과 5세기 북연의 모자 금장식

사진43 일본의 금동관들과 관을 쓴 하니와(일본 중요문화재)

2. 고대 한국의 금관

1. 고구려 금관

고구려 무덤은 신라의 적석목곽봉토무덤과 달리 돌방형무덤으로 盜掘에 매우 취약한 구조로 만들어져서 고구려 멸망 이후 近代까지 1,400여 년 동안 같은 무덤이 여러 차례에 걸쳐 도굴되고 훼손되었다.

쉽게 도굴되는 무덤의 구조 때문에 고구려의 왕릉급 무덤은 도굴, 훼손되지 않은 상태로 발굴된 사례가 단 한 차례도 없었으며, 간신히 남겨진 유물조차 구한말부터 일제강점기의 혼란기에 재차 도굴되는 상황이었다. 그런 까닭에 무덤에서 간신히 남아 있는 유물의 잔편만으로 부장품의 종류를 추측하거나 과거 혼란기에 도굴되어 전해진 유물과 무덤 벽화를 근거로 고구려의 문화 수준과 생활상, 부장 풍습 등을 유추할 수밖에 없는 실정이다.

예로부터 무덤에서 도굴되는 품목의 일순위는 금속제품으로 그중 말할 나위 없는 것은 귀금속인 금제품金製品이다. 고대 국가 간의 전쟁에 패한 나라는 왕궁과 역대

사진44 눈덮인 미천왕릉(서대묘)과 출토된 '기축'명 권운문와당 탁본

사진45 도굴되고 훼손된 고구려 무덤들

왕들의 무덤을 온전히 보전할 수 없었다. 값비싼 물건들의 보고가 제일 먼저 약탈을 당하기 때문이다.

고구려 제16대 고국원왕(304~371년 10월 23일) 때 전연前燕의 모용황이 침입하여 미천왕릉을 파헤치고 수많은 부장품과 시신을 침탈하였다. 그리고 궁성의 보물창고에 있는 왕실의 보물을 탈취하고 남녀 5만여 명을 포로로 잡은 뒤 왕궁을 불태우고 환도성을 헐어버리고 돌아갔다.

미천왕릉으로 추정되는 무덤이 현재 국내성의 마선 고분군에 있는데 일명 서대묘西大墓라고 하며 압록강 옆에 있다. 무덤의 저부와 기단은 화강암을 治石하여 만든 거대한 장대석으로 약 14단 정도로 들여 쌓고 그 윗부분부터는 커다란 강돌을 쌓아 올린 적석총이다.

무덤의 전체 길이는 서쪽이 56.7m이고 남쪽이 62.5m이며 잔존 높이는 11m이다. 무덤의 돌들이 남쪽으로 약 30m 정도 파헤쳐져서 무덤이 둘로 나눠진 것처럼 보인다. 무덤의 현실玄室은 파괴되어서 없지만 무덤에는 수많은 기와장과 '기축己丑'명銘 권운문와당(329년)이 출토되었다. 무덤의 정상부에 건축물을 짓고 '묘상입비墓上立碑'한 것으로 추정되며, 이처럼 대규모로 파헤쳐진 무덤의 상태와 무덤의 연대를 추정할 수 있는 간지명 와당이 출토된 것을 고려하면 전연 모용황의 소행으로 훼손된 미천왕릉으로 생각된다. 사진44

지금도 고구려의 도읍지였던 중국 지안시 국내성 지역에서는 오래전부터 도굴되어 훼손된 크고 작은 고구려 무덤을 볼 수 있다. 사진45

1) 평양 청암리 출토 불꽃무늬금동관

사진46 불꽃무늬금동관 (보살상의 보관)

1950년대 평양 청암리토성 부근을 지나는 도로 공사 중에 많은 양의 붉은색 고구려 기와 파편과 건축 구조가 발견되었는데 이곳에서 금동관 한 쌍이 출토되었다. 이 고구려 금동관은 불꽃 문양의 세움 장식이 돋보이는 거의 온전한 금동관으로 최초 발견된 유물이었다. 이 금동관은 그동안 알지 못했던 고구려 금관의 형태를 유추할 수 있는 기준점이 되는 중요한 역사적 유물이다. 사진46

대부분의 금관은 무덤에서 부장품으로 발굴되며, 실제로 사용하던 것으로 머리에 착용하게끔 되어 있다. 반면에 청암리에서 출토된 금동관은 길이가 25cm밖에 되지 않고 금관의 뒷부분이 없는 형상이며 결구도 없다.

목조 불상이나 금동 불상의 寶冠으로

사진47 백제 목조보살상의 금동 보관(일본 법륭사)　　　　사진48 고구려 철불(청암리 출토)

제작되어서 앞부분만 강조하고, 보살상의 앞면에 두른 다음 양쪽 관자놀이 부근에서 고정시킨 것으로 보인다. 그래서 사람이 착용하는 금관처럼 테 끝 쪽의 연결 부분이 없다. 무덤에서 부장품으로 출토되지 않고 절터에서 한 쌍이 출토된 것도 사람이 실제로 사용한 금관이 아니라 본존불 양옆의 협시보살상의 보관으로 사용된 금동관으로 유추하는 이유다. 실제로 일본 법륭사法隆寺에 전해오는 백제시대 목조보살입상의 보관을 보면 금동으로 제작되어 보살상의 머리에 올려진 것을 확인할 수 있으며 조선 시대를 거쳐 현재도 목제 보살상에 금동 보관을 사용한다. 사진47

또한, 일제강점기에는 청암리 절터 부근에서 우리나라 最古의 고구려철불高句麗 鐵佛도 수습되어 일본에서 전시되기도 하였다. 이곳은 불상이 출토된 것으로 미루어 보아 확실한 절터로 추정된다. 사진48

출토된 금동관의 제작기법은 연주문과 인동문의 관테와 두 종류의 불꽃 세움 장식이 모두 하나의 동판을 오려내어 도금한 것이고 드리개 장식과 관테에 별도로 붙인 꽃장식, 두 개의 불꽃 장식은 움직임이 필요 없는 고정된 곳에 설치하게 제작되었다. 사진46

사진49 두 종류의 불꽃무늬 세움 장식(좌)과 관테의 꽃 조각(우)

실제로 일본 법륭사 백제 목조관음보살상의 머리에 씌워진 금동투각보관과 비교하면 세움 장식과 관테의 구분 없이 한 판을 오려 만들고 드리개 장식과 관테의 꽃을 별도로 만들어 붙인 제작 방식이 거의 같다.

보살상의 보관으로 추정되는 청암리 출토 불꽃무늬금동관은 두 종류의 불꽃을 세움 장식 7개를 번갈아 가며 세운 형상이고 별도로 만든 2개의 불꽃 세움 장식을 붙여서 모두 9개의 불꽃을 나타내고 있다. 불꽃이 둥글게 타오르는 형상은 동판을 꼬아서 마치 깃털처럼 나타냈으며 다른 하나는 불꽃의 끝부분이 마름모꼴의 창처럼 예리하게 만들었다. 사진49

이 두 가지 불꽃의 형태는 다른 고구려 유물과 유적에서 볼 수 있는데 시기에 따른 고구려인의 불꽃 표현 방법을 알 수 있는 중요한 의미를 지닌다. 사진50

사진50에서 새 깃털을 표현한 것이라면 굳이 금동으로 제작해서 관을 쓸 필요가 있을까? 실제로 새 깃털을 사용하면 되었을 것이다. 그러나 실제로 사용할 수 없는 불

사진50 새 깃털처럼 표현된 고구려 금동관, 장식

사진51 나주 신촌리 금동관 세움 장식(좌), 무령왕릉 금제관장식(중, 우)

사진52 무령왕릉 출토 금제관식의 꽃무늬 부분

꽂이기에 금동으로 제작하여 빛나게 하고 사용했을 것이다.

황남대총 남분 출토 은관도 깃털 모양 장식 때문에 고구려계로 추정한다. (고구려에서 선물로 받은 것이거나 신라에서 모방 제작한 것으로 추정) 금동관의 관테에는 연속되는 넝쿨 무늬와 연주 문양을 조각하였고 6잎의 꽃송이를 별도로 제작하여 달았으며, 양옆으로 늘어진 드리개 장식은 띠 매듭의 형태로 만들어 붙였다. 조각된 문양에는 섬세한 점선조기법點線彫技法으로 찍어서 마무리했다. 금동 관테는 꽃이나 넝쿨 같은 식물을 표현하였고 세움장식은 활활 타오르는 불멸의 불꽃 무늬를 생동감 있게 나타내고 있다. 식물과 불꽃 무늬의 조합인데 5세기 이후 백제시대로 내려가면 불꽃과 식물이 조합된 불꽃 봉우리장식 관장식이 제작된다. 사진51

2) 고구려 금동관 자료

일본 텐리시에 있는 텐리대학 참고관에는 그동안 고구려 금동관으로 알려진 유물이 전시되고 있다. 유선형의 금동판 두 쌍으로 대칭이 되게 만들어졌는데 내부에 가죽이나 천을 대려고 만든 구멍이 일정한 간격으로 있다. 사진53, 사진54

바닥의 둥그런 관테처럼 있는 것은 금동판을 세우기 위해서 새로 제작된 것이고 본래 없었다. 투각 금동판의 문양은 불꽃 문양인지 넝쿨 문양인지 단정 짓기는 어려우나 문양의 역동성을 느낄 수 있다. 투각한 문양의 가장자리는 평양 청암리토성 부근에서 출토된 불꽃무늬금동관처럼 섬세한 점선조 기법을 가미하였다. 이 금동관의 용도는 고구려 문관이나 무관의 관모인 책에 부착했던 장식으로 보이며 가죽이나 천으로 된 책은 없어지고 금속만 남아 무덤에서 출토된 것으로 보인다. 사진56

중국 지린성 지안시(고구려 국내성)에서 온전한 형태로 출토된 금동관 장식이 중국 랴오닝성박물관에 소장되어 있다. 이 금동관 장식은 모두 4개의 조각으로 만들어졌는데 가운데 화염문처럼 꼬아 만든 장식과 양옆의 날개처럼 뻗은 장식, 가운데 아랫부분에 거치문 장식이다. 몸통에는 빠짐없이 달개 장식을 촘촘하게 달았고 특히 가운데

사진53 일본 텐리대학 참고관에 전시된 한국 유물들

사진54 고구려 금동관 장식(일본 텐리대 참고관)

사진55 금동관 장식의 뒷면(좌)과 속면(우)

사진56 책을 쓴 고구려 대신(덕흥리 무덤벽화)과 한나라 도용(부분)

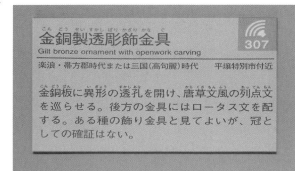

金銅製透彫飾金具
Gilt bronze ornament with openwork carving

楽浪・帯方郡時代または三国(高句麗)時代　平壤特別市付近

金銅板に異形の透孔を開け、唐草文風の列点文を巡らせる。後方の金具にはロータス文を配する。ある種の飾り金具と見てよいが、冠としての確証はない。

307

사진57 금동관 장식의 해설과 금동관 우측면

사진58 고구려 금동관 장식과 세부 문양

장식의 길게 꼰 부분은 경북 의성 탑리 무덤에서 출토된 고구려계 금동관과 유사하다. 점열문이 양각으로 한 쌍씩 찍혀 있다. 사진58

　금관의 부속 장식으로 추정되지만 절풍 앞에 끼워 사용했던 신라의 관장식과는 다른 용도로 생각된다. 신라의 관장식은 절풍에 끼울 수 있게 약 45도 정도 접혀 있지만, 이 유물은 넓게 펴져 있기 때문이다. 사진59

　금관의 부속 장신구로 추정되는 고구려 유물은 국립중앙박물관에 소장된 두 점이 있고, 국내성 태왕릉과 마선묘구의 무덤에서 출토된 금동 절풍과 금동 관테가 있으나 이 유물들은 모두 온전한 형태가 아니라서 그 원형과 용도를 밝혀내기가 쉽지

사진59 이사지왕릉(금관총) 출토 금관 장식의 정면과 측면

사진60 국립중앙박물관 소장품(위), 태왕릉과 마선묘구 출토 금동관 장식(아래)

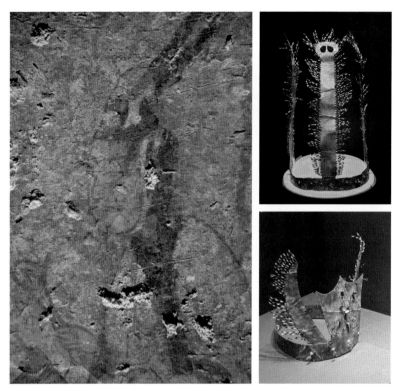

사진61 조우관을 쓴 고구려인(좌)과 고구려계 금동관(우)

않다. 사진60

　『삼국지』위서 동이전에는 "부여사람들은 금이나 은으로 모자를 장식한다"라는
기록이 보이는데 이미 부여국에서도 금관을 사용했다고 추측할 수 있는 대목이며 고
구려로 이어졌을 가능성이 높다. 그리고 고구려인은 평상시 새의 꽁지깃을 단 鳥羽冠
을 썼는데 금속으로 만든 조우관을 실제 착용했는지 부장용인지, 아니면 금동 조우관
으로 알려진 것이 새의 조형이 아니고 전혀 다른 것을 상징하는지에 대한 의문이 남
는다. 사진61

　고구려 금관에 대한 확실한 문헌 기록이나 유물 자료의 부재로 고구려 금관의

존재조차 확신하지 못하던 중에 일제강점기 평안남도 간성리杆城里에서 출토된 것으로 전하는 '고구려 불꽃무늬금관高句麗火焰文金冠'의 존재 의미는 매우 중요하다.

"고구려에는 금관이 없었다"라는 중국 동북공정의 논리를 정면으로 반박할 수 있는 증거 자료이기 때문이다.

3) 전 평안남도 강서군 보림면 간성리 출토 고구려 불꽃무늬금관 (高句麗火焰文金冠)

고구려고분은 石室墳으로 도굴에 매우 취약한 구조여서 고구려 멸망 이후 근대까지 끊임없이 도굴 훼손되어왔다. 그래서 고구려의 왕릉급 고분은 도굴, 훼손없이 발굴된 사례가 단 한 차례도 없었으며, 여러 세대에 걸쳐 도굴된 후 간신히 남겨진 유물이 구한말부터 일제강점기의 혼란기에 재차 도굴되는 상황이었다. 이런 가운데 2011년 발표된 일제강점기에 평안남도 간성리에서 출토된 것으로 전하는 고구려 불꽃무늬금관의 존재 의미는 매우 중요하다. 이 金冠은 일제강점기 고미술품 거간꾼인 '서원용성西原用成'의 명함(뒷면 墨書: '江西郡 菩林面 杆城里 金冠')과 동반 출토된 것으로 추정되는 고구려 금귀고리金耳飾 1쌍, 금동유물들이 박선희 교수에 의하여 최초로 발표되었다.[*]

금동 유물은 금동갑옷편, 금동행엽, 금동꽃모양장식, 금동마구장식 등 30여 점이다. 사진62, 사진63

일제강점기의 거간꾼 '서원용성' 명함의 주소를 확인해보면 '경성부京城府 종로구鐘路區 명륜정明倫町'인데 현재의 종로구 명륜동이다. 일제강점기 평안남도에서 출토되어 서울에서 활동하던 서원용성에 의해 이 고구려 금관이 거래된 것으로 보인다.

일제가 1914년에 행정구역을 개편할 때 강서군 '보원면'과 '학림면'이 '보림면'으로 통합되었으므로 이 명함은 1914년 이후에 제작되었고 고구려 금관도 1914년 이후에 거

---

* 박선희, 2011년, 『백산학보 제90호』, 「신라 금관에 선행한 고구려 금관의 발전 양상과 금관의 주체」.

사진62 고구려 불꽃무늬금관과 동반 출토된 금귀고리와 금동 유물들

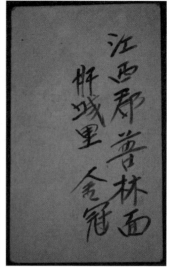

사진63 일제강점기 골동품 중개상 명함의 앞면과 뒷면의 묵서

래된 것으로 보인다. 일본으로 반출되는 마지막 관문에서 국내의 개인 소장자에게 넘겨져 해외로 유출되지 않은 것은 천만다행이 아닐 수 없다.

고구려 금관이 출토된 것으로 보이는 '간성리'에는 고구려 벽화 고분인 '연화총 蓮花塚'(연꽃이 그려진 벽화무덤)과 폐고분이 널려 있었는데 1912년 9월 12일에 일본인 '관야정關野貞'과 '곡정제일谷井濟一'이 조사하였다. 하지만 거의 도굴되어 쇠못 한 점만 발견하였다고 전해지며 실제로 발굴한 유물이 더 없었는지는 확인되지 않았다. 그러나 광복 후에 평남 보림면에 산재한 많은 무덤에서는 금귀고리를 비롯하여 중요한 고구려 유물들이 북한의 연구자들에 의해 발굴되었다. 사진65(우)

금관과 동반 출토 유물로 전해진 고구려 금귀고리는 드리개 장식이 원추형인 太鐶飾으로 비교적 이른 시기의 고구려 귀고리다. 얇은 금판을 두들겨서 펴고 용접하여 굵은 고리의 속은 비어 있으며 보기보다 훨씬 가벼워서 착용하는 데도 무리가 없었을 것이다. 약 4세기 말에서 5세기 초에 제작된 것으로 추정되는 이런 양식의 귀고리는

사진64 평안남도 강서군 보림리에 있는 고구려 연화총 벽화(부분)

사진65 금관과 동반 출토된 금귀고리(좌)와 강서군 보림면 출토 금귀고리(우)

사진66 오산리 유적의 빛살무늬토기(왼), 다뉴세문경과 다뉴조문경(오른)

고구려 영향권의 신라 무덤에서도 출토된다.

고구려 불꽃무늬금관의 기본형식은 관테에 두 종류의 불꽃무늬 세움 장식 7개를 세워 붙인 전형적인 삼국시대 금관양식으로 1950년대 평양平壤의 청암리 절터에서 출토된 화염무늬금동관과 같은 불꽃무늬이다.

우리 민족은 선사시대부터 고조선, 부여, 고구려를 거치면서 끊임없이 태양 숭배 사상을 유지하였다. 신석기시대 빛살무늬토기가 대표적인 유물로 전해지며 고조선의 청동다뉴조문경, 청동다뉴세문경은 눈부신 햇살과 번개를 의미한다. 즉, 하늘신을 나타내는 것이다. 부여의 해모수를 거쳐 고구려는 '일월지자日月之子'로 자처하고 천손天孫임을 강조하였다. 사진66

이 금관의 높이는 15.8cm이고 금관테의 윗지름이 19cm이며 아랫지름은 19.5cm인데 인체구조에 맞게 고려한 부분이다. 금관 테에는 7엽의 꽃 16과를 일정한 간격으로 새겨 넣었고 38개의 달개 장식을 달았다. 불꽃무늬의 세움 장식에는 202개의 달개 장식을 달아 모두 242개의 달개 장식으로 화려하게 치장하였다. 달개 장식은 금관이 움직일 때마다 따라 움직여서 빛을 여러 방향으로 내게 하여 활활 타오르는 불꽃의 움직임을 표현하는 효과와 빛의 산란으로 인한 반사효과를 최대한 얻도록 한 것이다. 사진67

세움 장식은 금관의 관테와 더불어 가장 기본적인 구성요소로서 핵심적인 역할을 한다. 금관을 착용한 사람의 위엄과 지위를 동시에 보여주는 역할을 하기 때문에 가장 화려하고 아름답게 꾸미며 나타내고자 하는 상징물의 의미도 잘 반영하여 제작하였다. 이 금관의 세움 장식도 두 가지 종류의 불꽃을 형상화하여 제작하였는데 고구려 특유의 공통점을 확인할 수 있다.

둥그런 봉오리 형상의 불꽃은 속에 불꽃 심지를 표현하고 타오르는 불꽃 봉오리의 윗부분은 거치문鋸齒文이나 새털처럼 꼬아서 만들었다. 봉오리를 받치는 불가지는 2단이나 3단으로 만들어서 역동적인 모습을 느끼게 한다. 활활 타오르는 불꽃의 봉오리를 받치고 있는 형상이다. 불꽃 봉오리 속의 불꽃 심지는 식물 모양의 심지(일명 삼엽문)를 표현하였는데 봉오리 속 중심부와 기단부의 중심부 두 곳에 있다.

불꽃 끝부분이 마름모꼴의 기다란 불꽃은 4단의 불가지를 만들어서 하나의 봉오리를 이루었고 불꽃의 끝은 창끝처럼 날카롭게 표현하였다. 불가지는 좀 더 길게 만들었으며 불꽃 심지는 불꽃의 기단부에만 삼엽문 모양으로 나 있다. 이 세움 장식의 불꽃무늬는 고구려 벽화 고분에도 등장하는데 특히, 서기 408년(광개토태왕 18년)에 조성된 덕흥리 고분벽화의 불꽃무늬 장식과 거의 유사하다. 사진68, 사진70

이 고분벽화의 불꽃무늬는 태양과 일맥상통하고 고대왕국의 태양 숭배 사상은 시간과 공간을 초월하여 인간의 공통된 신앙으로 세계 여러 곳에서 자리 잡았으며, 태양의 불멸사상과 생명의 근원이라는 공통적인 의식이 작용하였다. 고구려는 태양의 존재로 영원불멸의 불꽃무늬를 제왕의 금관이나 왕릉의 고분벽화에 벽화 문양으로 사용한 것이다. 또한, 태양을 대신할 수 있는 영원불멸의 물질로 지하에 존재하는 유일한 것은 황금으로, 절대왕권의 고구려 태왕만이 이 황금관을 소유할 수 있었을

사진67 고구려 불꽃무늬금관의 정면(위)과 뒷면(아래)

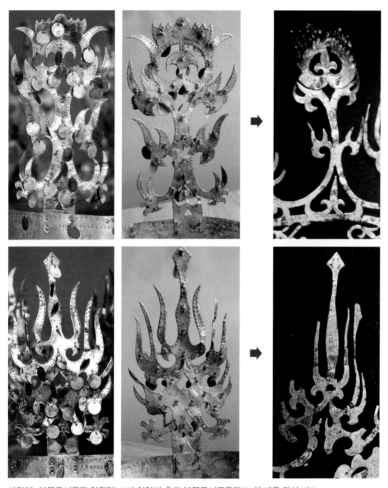

사진68 불꽃무늬금관 앞뒷면(좌)과 청암리 출토 불꽃무늬금동관(우)의 세움 장식 비교

것이다.

고구려 금관의 관테와 세움 장식은 금사로 연결하였는데 테 속에서 겹치는 부분의 양옆으로 두 개의 구멍을 한 쌍으로 뚫어서 네 곳을 단단히 고정시켰다. 사진71

관테의 안쪽으로 빼어 꼰 金絲들은 다시 가죽이나 비단으로 만들었을 내관의 속

사진69 고구려금관 관테의 꽃무늬(좌)와 백제 신촌리금동관 관테의 꽃무늬(우)

으로 들어가게끔 되었을 것이다. 금사로 세움 장식을 고정시킨 사례는 국보 제138호 가야금관이 유일하고 단양 하리에서 출토된 신라동관은 銅絲로 고정시켰다.

　금관 뒷부분의 관테 이음 방식은 관테의 위아래에 수직으로 구멍을 한 쌍씩 뚫은 다음에 금사로 엮어 단단히 고정시켰다. 관테의 이음 부분에 수직으로 구멍을 뚫은 다음 금사로 묶어서 고정시키는 방법은 신라 금관에도 사용된다. 사진72

　달개 장식은 금관 테와 세움 장식에 달았는데 얇은 금판을 오려내어서 송곳으로 구멍을 뚫고 금사로 매달았다. 달개 장식의 고정 방식은 백제와 같고 신라와는 일부 같은 부분이 있다. (신라 금관은 두 가지 방법이 있다.)

　이 금관의 주요 부위인 관테와 세움 장식은 얇은 금판을 만들고 본을 대어 그린 후에 오려낸 것으로 매우 정교하다. 오려낸 부위의 날카로운 부분을 갈아내어 실제 사용할 때 손이 베이지 않도록 세심하게 제작한 것을 알 수 있다. 이 금관이 부장용이 아니고 실제 사용했다는 증거다. 아울러 일정한 두께의 금판을 제작하는 기술도 금세공술의 척도를 가늠할 수 있는 방법으로 고구려 금속공예의 높은 수준을 확인할 수 있다.

　세움 장식의 가장자리와 관테의 상단과 하단에는 점선조기법點線彫技法으로 점열

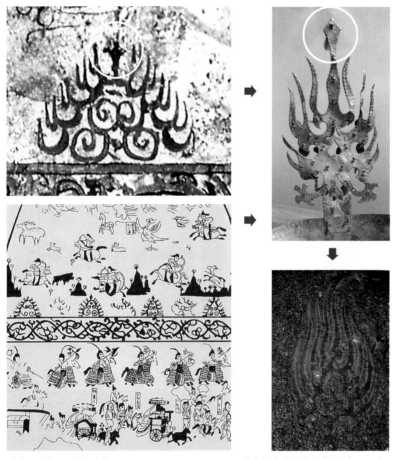

사진70 마름모꼴 불꽃무늬(덕흥리 벽화무덤과 고구려 금관 불꽃 장식)와 오회분4호무덤의 불꽃무늬(7세기 초)

문을 일정한 간격으로 찍었는데 날 끝이 둥근 정을 사용하였다. 점열문을 찍는 이유는 장식적인 효과는 물론이고 금관의 휘어짐을 어느 정도 보강해주는 역할을 하기 때문이다.

　　필자는 이 고구려 불꽃무늬금관을 직접 實見하였고 실측하였으며, 2009년에 국립공주대학교에서 실행한 금관의 XRF성분분석도 주관하였다. 금관의 달개 장식과 金

사진71 금관의 세움 장식을 금사로 연결한 부분 (앞, 뒷면)

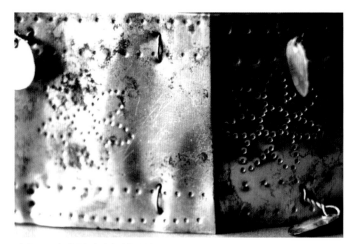

사진72 금관 뒷부분의 관테 이음 부분

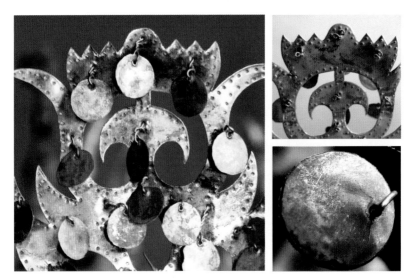

사진73 달개 장식의 앞면(좌), 뒷면(우)과 달개

사진74 고구려 불꽃무늬금관의 세움 장식에 달린 달개

사진75 세움 장식 금판 두께와 달개 장식의 부착 방법

사진76 세움 장식의 점열문 부분

사진77 고구려 불꽃무늬금관의 옆면

絲의 성분분석 결과 금 78.55%, 은 19.92%, 구리 1.54%로 순도 약 19K의 金版으로 제작된 것을 확인할 수 있었다. (별첨자료)

국립중앙박물관에서 2015년 국내 최초로 서봉총금관의 XRF성분분석을 발표한 것보다 6년 빠르다. (서봉총금관의 달개 장식도 순도 19K 정도다.)

이 고구려 금관은 금의 성분분석, 세움 장식의 절단기법切斷技法, 관테와 달개 장식의 이음기법, 금사의 인발기법, 달개 장식의 연결방법, 금관에 침착된 유기물과 점선조기법의 특징 등이 기존 고구려 유물의 특성과 동일하며 동반 출토 유물로 같이 발표된 금귀고리, 금동갑옷편, 금동마구, 금동못, 금동장신구 등도 같은 시기에 조성된 고구려 유물과 일치한다. 사진80

금관의 성분분석에서 확인되듯이 고대 금에는 이물질이 포함되 있는데 현대의

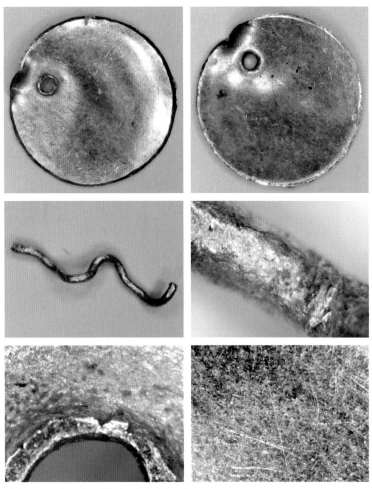

사진78 금관 성분분석에 사용된 달개 장식과 금사(현미경 확대 부분)

제련기술처럼 99.999%의 순금을 뽑아내지는 못하였다. 이물질 중에 함량이 제일 높은 것이 구리인데 이 금관은 약 1.5%의 구리가 섞여 있다. 금속에 포함된 이물질들은 1,500년 정도 매장된 상태에서 환경에 따라 일부는 산화되어 표면으로 나오는데 붉은 얼룩이 번진 형상으로 나타난다. 대표적인 사례는 황남대총 남분에서 출토된 금제 관

사진79 고구려 금관의 구리 산화 부분(좌)과 황남대총 내관 장식의 구리 산화 부분(우)

장식으로 유물의 표면에 붉은 얼룩이 있다. 이런 현상은 고대 금제품의 일부에서 나타나며 강력한 산성용액으로 지울 때만 없어지므로 후세에 일부러 만들 수 없는 현상으로 유물의 진위를 파악하는 기준이 되기도 한다. 사진79

    이 불꽃무늬금관과 함께 전래된 금동 유물들도 자세히 살펴볼 필요가 있다. 금관의 국적과 제작 시기를 추정할 수 있는 단서를 제공하는 중요한 유물이기 때문이다. 금귀고리 한 쌍과 금동갑옷편, 금동방울, 금동꽃장식, 금동못, 금동행엽 등이 확인되는데 금동갑옷편은 고구려 수도였던 국내성 지역의 천추총과 마선묘구 2100호 무덤

사진80 고구려 불꽃무늬금관과 함께 전래된 금동 유물들

사진81 천추총 출토 금동갑옷편

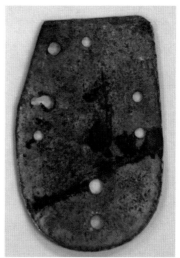

사진82 금동갑옷편의 앞, 뒷면

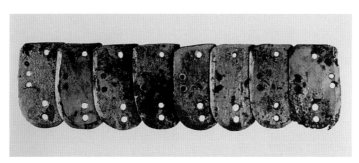

사진83 고구려 금동갑옷편(마선묘구 2100호 무덤)

에서 출토된 금동갑옷편과 매우 유사하여 주목된다. 사진81, 사진83

이 고구려 불꽃무늬금관은 일제강점기에 출토된 오구라 수집 가야 금관처럼 정확한 출토지는 알 수 없지만, 이를 추정할 수 있는 당시의 墨書가 남아 있어 학술적으로도 매우 중요한 의의가 있다.

그리고 동반 전래된 금귀고리는 광복 후에 평남 강서군 보림면 보림리 6호 고구

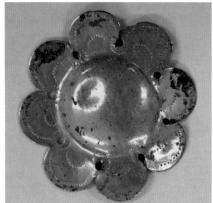

사진84 금동꽃모양장식 앞, 뒷면

사진85 금동방울(가야, 위)과 금동못(아래)

사진86 금동동물장식(위), 금동달개장식(앞,뒷면), 금동운주

사진87 금동조개장식행엽(앞,뒷면)

사진88 금동꽃모양 장식과 경주 황오동 출토 신라 금동 장식(아래, 오른쪽)

려 무덤에서 출토된 고구려 금귀고리와 거의 유사하고 출토된 소재지도 같은 보림면
이다. 이 지역은 고구려 무덤들이 여기저기 흩어져 있는 곳으로 앞으로도 정밀조사의
필요성이 높은 곳이다.

특히, 동반 전래된 금동갑옷편은 매우 귀한 유물로 태왕릉이나 마선묘구에서 출
토된 갑옷과 같은 형식이다. 나머지 마구 장식들과 꽃장식들도 고구려 무덤의 부장품
으로 연구 활용도가 높다.

불꽃무늬금관과 청암리토성 출토 금동관의 불꽃 세움 장식은 재질과 용도의 차

사진89 고구려 금관(위)과 청암리 출토 금동관(아래)의 세움 장식 비교

사진90 고구려 불꽃무늬금관의 3D모형과 고구려 불꽃무늬반원와당

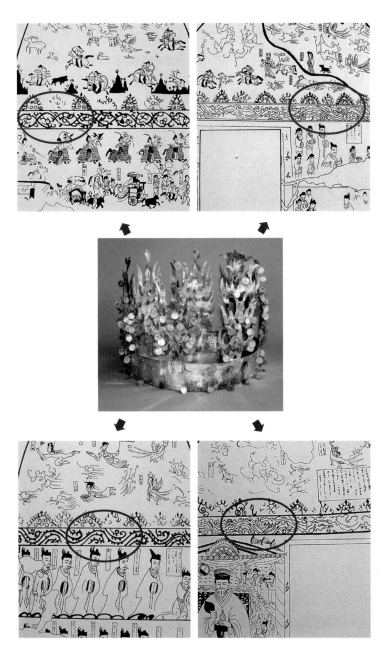

사진91 덕흥리 벽화고분(삽화)과 고구려 불꽃무늬금관

이만 있을 뿐 거의 일치한다. 이 두 유물의 불꽃 세움 장식을 비교하면, 강서군 출토 불꽃무늬금관은 4단의 불가지이고 토성리 출토 금동관은 3단의 불가지로 되어 있다. 세움 장식 윗부분의 둥그런 불 봉오리 안에는 불꽃 심지가 있고 타오르는 심지의 표현을 각각 거치문과 새 깃털처럼 꼬아서 표현하였다.

또 다른 형태의 끝이 뾰족한 마름모꼴 모양 세움 장식은 불가지가 4단과 3단으로 다를 뿐 불꽃의 문양은 같다. 특히 중앙의 제일 높은 불길은 마름모꼴로 표현하였는데 덕흥리 벽화고분의 벽화에서도 같은 기법이 사용되어 이 금관들은 덕흥리 벽화고분과 비슷한 시기에 조성된 것으로 생각된다. 사진89

불꽃무늬의 윗부분 봉우리 속에 표현된 불꽃의 심지를 식물의 잎으로 착각할 수 있다. 그냥 세 개의 나뭇잎처럼 보이니까 '삼엽문三葉文'이라 하기도 하는데, 활활 타오르는 불꽃 심지와 식물의 삼엽문은 어울리지도 않을뿐더러 개념적 차이가 크기 때문이다. 사진90

백제의 무령왕릉 출토 금제관식에 화염문과 꽃 문양이 조합된 것은 이 고구려 금관이 제작되고 거의 150여 년 이후에 만들어진 백제의 양식이므로 시대를 거슬러 올라가 고구려의 불꽃 속에 식물의 삼엽문이 있다는 오류를 범해서는 안 될 것이다. 세움 장식의 불꽃 심지는 꺼지지 않고 영원히 타오르는 불꽃처럼 고구려인의 역동성과 시대상을 잘 반영하고 의미하는 것이기 때문이다.

고구려 불꽃무늬금관의 정상 부분에 마름모꼴 불꽃 끝장식은 고구려 덕흥리 벽화고분에서 확인되는데 현실세계와 천상세계를 나누는 마름모꼴 불꽃 끝장식과 정확히 일치한다. 덕흥리 벽화고분의 조성 시기가 서기408년으로 이 고구려 금관의 조성 시기는 대략 4세기 말에서 5세기 초로 추정할 수 있다.

이 시기는 고구려의 강력한 절대왕권이 이미 확립되었으며 왕국의 영토가 넓게 확장되던 전성기이다. 덕흥리 벽화고분의 벽화를 보면 천상계와 현실계를 나누는 불꽃무늬는 현실에 연속하여 이어져 있는데 금관의 테 위에 세워진 세움 장식처럼 그려져 있다. 그 부분만 떼어내면 바로 고구려 금관이 되는 것이다. 사진91

천상계와 현실계를 이어주는 매개자 역할은 고대왕국의 막강한 왕권을 가진 절대군주만이 할 수 있었다. 그 상징물을 영원히 변하지 않고 화려하게 發光하는 귀금속인 금으로 제작하였고 영원불멸의 태양과도 같은 불꽃을 간직한 고구려 불꽃무늬금관을 太王만이 착용했을 것이다.

그동안 도굴된 고구려 고분에 남아 있던 금관의 잔편만으로 추청해 오던 고구려 금관의 실체가 1,500여 년만에 밝혀진 것이다. 고구려의 찬란한 문화와 숨겨진 역사를 밝혀주는 중요한 연결고리가 되는 유물이며 특히, 고구려의 유적과 유물이 많지 않은 우리로서는 이 고구려 불꽃무늬금관이 중국의 동북공정을 넘어서고 우리 민족과 고구려의 정통성을 이어주는 매개체 역할을 할 수 있는 매우 귀중한 문화유산인 것이다.

광복 후 1946년에 우리의 손으로 慶州 壺衧塚을 최초로 발굴한 이래로 수많은 발굴이 이루어져서 그동안 잊혀졌던 선현들의 우수한 문화유산들이 속속 밝혀졌다. 그러나 대한제국의 혼란기와 암울했던 일제강점기에 수탈된 수많은 문화재의 행방은 알려진 것보다 모르는 것이 더 많다. 이 시기의 유물은 대부분이 출토지 미상이지만 국가문화재(國寶, 寶物)로 지정된 중요한 유물도 상당수 있다. 아직도 해외에 흩어져서 행방을 모르는 문화재나 국내의 알려지지 않은 중요문화재는 속히 밝혀내어 우리 민족의 우수성과 자긍심을 온 국민이 함께 공유하고 후손에게 온전히 물려줘야 할 것이다.

《고구려 불꽃무늬금관의 세부 사진》

불꽃무늬 세움 장식 1

불꽃무늬 세움 장식 2

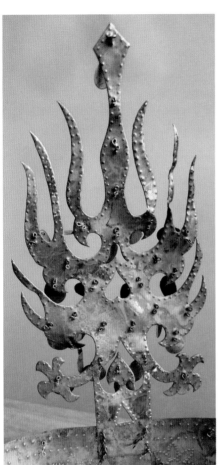

불꽃무늬 세움 장식1, 2의 뒷면

분석시료: 달개 장식-01

[측정 조건]

측정장치	SEA2220A
측정시간 (초)	150
유효시간 (초)	106
시료실 분위기	대기
조사경	원 3.0mm
여기전압 (kV)	50
관전류 (uA)	28
필터	OFF
마이러	OFF

[시료 이미지]

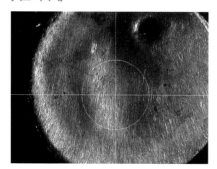

시야 : [X Y] 8.80   6.60 (mm)

[스펙트럼]

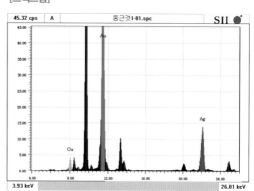

[정량 결과]

Au	78.55(wt%)	889.453(cps)
Ag	19.92(wt%)	222.525(cps)
Cu	1.54(wt%)	36.797(cps)

분석시료: 달개 장식-02

[측정 조건]

측정장치	SEA2220A
측정시간 (초)	150
유효시간 (초)	106
시료실 분위기	대기
조사경	원 3.0mm
여기전압 (kV)	50
관전류 (uA)	27
필터	OFF
마이러	OFF

[시료 이미지]

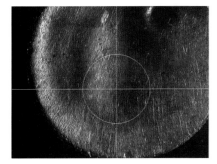

시야 : [X Y] 8.80 6.60 (mm)

[스펙트럼]

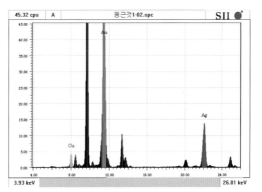

[정량 결과]

Au	78.19(wt%)	878.756(cps)
Ag	20.14(wt%)	223.212(cps)
Cu	1.67(wt%)	39.479(cps)

분석시료: 달개 장식-03

[측정 조건]

측정장치	SEA2220A
측정시간 (초)	150
유효시간 (초)	106
시료실 분위기	대기
조사경	원 3.0mm
여기전압 (kV)	50
관전류 (uA)	29
필터	OFF
마이러	OFF

[시료 이미지]

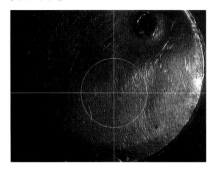

시야 : [X Y] 8.80 6.60 (mm)

[스펙트럼]

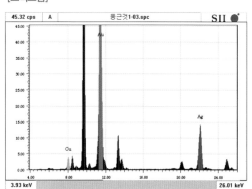

[정량 결과]

Au	78.72(wt%)	904.694(cps)
Ag	19.80(wt%)	224.914(cps)
Cu	1.48(wt%)	35.952(cps)

분석시료: 달개 장식 금사 부분-01

[측정 조건]

측정장치	SEA2220A
측정시간 (초)	150
유효시간 (초)	107
시료실 분위기	대기
조사경	원 3.0mm
여기전압 (kV)	50
관전류 (uA)	182
필터	OFF
마이러	OFF

[시료 이미지]

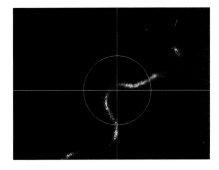

시야 : [X Y] 8.80 6.60 (mm)

[스펙트럼]

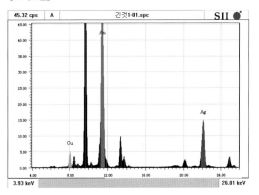

[정량 결과]

Au	76.15(wt%)	807.851(cps)
Ag	21.94(wt%)	237.674(cps)
Cu	1.91(wt%)	43.514(cps)

분석시료: 달개 장식 금사 부분-02

[측정 조건]

측정장치	SEA2220A
측정시간 (초)	150
유효시간 (초)	109
시료실 분위기	대기
조사경	원 3.0mm
여기전압 (kV)	50
관전류 (uA)	189
필터	OFF
마이러	OFF

[시료 이미지]

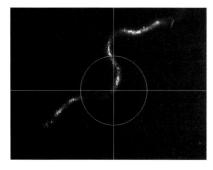

시야 : [X Y] 8.80 6.60 (mm)

[스펙트럼]

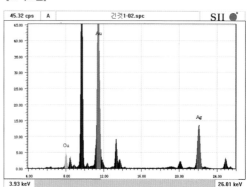

[정량 결과]

Au	76.58(wt%)	772.096(cps)
Ag	21.56(wt%)	221.833(cps)
Cu	1.87(wt%)	40.457(cps)

분석시료: 달개 장식 금사 부분-03

[측정 조건]

측정장치	SEA2220A
측정시간 (초)	150
유효시간 (초)	108
시료실 분위기	대기
조사경	원 3.0mm
여기전압 (kV)	50
관전류 (uA)	233
필터	OFF
마이러	OFF

[시료 이미지]

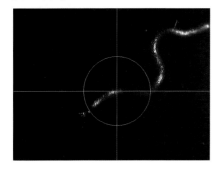

시야 : [X Y] 8.80 6.60 (mm)

[스펙트럼]

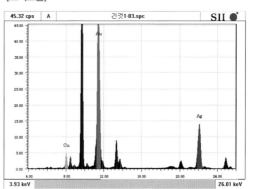

[정량 결과]

Au	76.15(wt%)	771,919(cps)
Ag	21.93(wt%)	227,078(cps)
Cu	1.92(wt%)	41,677(cps)

김대환의 文響 _ 26 고구려 불꽃무늬 금관(高句麗火焰文金冠)

태양을 대신하는 절대왕권의 상징, 숨겨진 고구려 역사 밝혀주다

김대환 상명대 석좌교수 · 문화재평론가

세계 곳곳에서 오늘날까지 전해지고 있는 고대왕국의 금관은 12점에 불과하다. 가장 이른 시기에 제작된 금관은 1930년대 러시아 로스토프지방의 노보체르카스크 인근 호흘라치고분에서 출토된 사르마티아왕국의 금관이다. 아프카니스탄의 시르르호탄의 틸리아 테페유적에서 출토된 금관이 2세기경에 제작된 것으로 추정된다. 우리나라의 금관은 4세기말~5세기초에 제작된 것으로 추정되는 고구려금관을 포함해 주로 4세기~6세기에 제작된 신라금관이 남아있다. 고구려금관 1점, 신라금관 7점, 가야금관 2점으로 모두 10여점이다. 아직 발굴되지 않은 경주의 신라고분 속에 매장됐을 금관까지 생각한다면 세계적인 금관의 왕국이라 할 수 있다. 단발성으로 그린 수메르금관, 아프카니스탄 금관과는 다르게 우리나라의 금관은 독자적인 발생과 변천을 이뤄 세계적인 古代金屬工藝의 한 장르를 정립했다.

고구려고분은 石室墳으로 도굴에 매우 취약한 구조로 만들어져서 고구려 멸망이후 근대까지 약 1300여 년 동안 끊임없이 도굴돼왔다. 때문에 고구려의 왕릉급 금관은 처녀분으로 발굴된 사례가 단 한 차례도 없으며, 여러 세대에 걸쳐 도굴꾼 후 간신히 남겨진 遺物까지 구한말~일제강점기에 재차 도굴되는 상황이다. 이런 상황에 일제강점기 平安南道 杆城里에서 출토된 것으로 전하는 (사진②)의 '高句麗火焰文金冠'의 존재로서는 매우 중요하다. 이 금관은 박선희 상명대 교수에 의해 최초로 논문(백산학보 제90호, 2011년)에 발표, 소개됐다. 이 논문에는 일제강점기 고미술품 거간인인 '西原瓊成'의 명함 뒷면에 기록된 금관(墨書, 江西郡 杆林...

面 杆城里 金冠)(사진②)(사진③)과 동반 출토된 것으로 추정되는 高句麗 金珥飾 1双(사진③), 金銅飾物(사진④)로 보고돼 있다.

이 高句麗火焰文金冠의 기본형식은 관테에 두 종류의 불꽃무늬 세움 장식 7개를 세워 붙인 전형적인 삼국시대 금관양식으로 1950년대 평양의 청암리절터에서 출토된 高句麗火焰文金銅冠과 같은 모양이다(사진⑤).

금관의 높이는 15.8cm이고 금관 태의 지름은 윗지름이 19cm이며 아래 지름이 19.5cm이다. 금관테에는 7줄의 꽃 16과를 일정한 간격으로 새겨 넣었고, 36개의 달개장식을 달았다. 불꽃무늬의 세움 장식에는 202개의 달개장식을 달아 모두 242개의 달개장식으로 화려하게 치장했다. 달개장식은 금관이 움직일 때마다 따라 움직이며 빛을 여러 방향으로 비치게 해 마치 활활 타오르는 불꽃의 움직임을 표현하여 하는 효과를 얻을 수 있게 했다. 금관의 세움 장식인 불꽃무늬는 고구려 벽화고분에도 많이 등장하며 특히, 서기 408년(광개토대왕 18년)에 조성된 덕흥리 벽화고분의 불꽃무늬 장식과 거의 유사하다. 이 고분벽화의 불꽃무늬는 태양과 일체상통한 것을, 고대왕국의 태양숭배 사상은 시간과 공간을 초월해 인간의 내재적인 공통된 신앙으로 세계 여러 곳에서 자리 잡았으며, 태양의 불멸사상과 생명의 근원이라는 공통적인 의식이 작용했다. 고구려 역시 태양의 존재로 영원불멸의 불꽃무늬를 쓰는 금관이나 왕릉의 벽화고분에 벽화문양으로 사용한 것이다. 또한 태양을 대신할 수 있는 영원불멸의 물질로 지상에 존재하는 유일한 것은 오로지 금으로, 절대왕권의 高句麗大王만이 이 금관을 소유할 수 있었을 것이다.

35년간 문화재를 연구해온 필자는 이 高句麗火焰文金冠을 직접 實觀하고 實測했다. 2009년에 국립 공주대에서 실행한 금관의 XRF성분분석을 주관했다. 금관의 달개장식과 金絲의 성분분석 결과 금 78.55%, 은 19.92%, 구리 1.54%로 순도 19의 金絲으로 제작된 것을 확인할 수 있었다(사진⑥). 국립중앙박물관에서 2015년 최초로 금관의 XRF성분분석을 발표한 것보다 4년 빠르다(서봉총금관의 달개장식도 순도 19K였다).

이 高句麗金冠은 金의 성분분석, 세움 장식의 절단기법, 관테와 달개장식의 이음기법, 金絲의 인발기법, 달개장식의 연결방법, 金絲에 침착된 유기물과 接合技法의 특징이 기존 고구려유물의 특성과 동일하며(사진⑦), 함께 출토된 유물로 같이 발표된 金珥飾,

금동구, 금동못, 금동장신구 등도 같은 시기에 조성된 고구려유물과 일치한다.

이 고구려금관은 일제강점기에 출토된 가야금관처럼 정확한 출토지는 알 수 없지만 출토지를 추정할 수 있는 당시의 墨書가 남아있어 학술적으로도 매우 중요한 의의를 갖는다. 그동안 도굴된 고구려고분에 남아있던 고구려 잔편으로 추정만 했던 고구려금관의 실체가 1천5000년 만에 밝혀진 것이다. 고구려의 찬란한 문화와 숨겨진 역사를 밝혀주는 중요한 연결고리가 되는 유물이며, 특히 고구려의 유적과 유물이 많이 남아있지 않은 우리로서는 高句麗火焰文金冠이 중국의 동북공정을 넘어서고 우리민족과 고구려의 평창성을 이어주는 매개체 역할을 할 수 있는 매우 귀중한 문화유산임에 틀림없다.

광복 후 1946년에 우리의 손으로 경주 壺杅塚을 최초로 발굴한 이래로 수많은 발굴이 이뤄져서 그동안 잊혀졌던 선현들의 우수한 문화유산들이 속속 밝혀졌다. 그러나 대한국의 혼란기와 암울했던 일제강점기에 수탈된 수많은 문화재의 행방은 알려진 것보다 모르는 것이 더 많다. 또한 이 시기의 유물은 대부분이 出土地不明이지만 국가문화재(國寶, 寶物)로 지정된 유물도 상당수 포함돼 있다. 아직도 해외에 흩어져 있거나 행방을 모르는 문화재나 국내의 알려지지 않은 중요문화재는 속히 밝혀져 우리민족의 우수성과 자긍심을 온 국민이 함께 공유해야 할 것이다.

사진② 고구려 불꽃무늬 금관

사진⑥ 고구려금관의 세움장식과 달개장식(확대부분)

사진① 일제강점기 거간인의 명함과 뒷면의 묵서

사진③ 동반출토 고구려 금귀고리

사진④ 동반출토 금동유물

사진⑤ 평양 청암리출토 고구려불꽃무늬금동관

사진⑧ 고구려금관의 달개장식

4) 발해 금관

　중국 지린성 문물고고연구소와 옌볜 조선족자치주 문물관리위원회는 공동으로 중국 지린성 허룽시 룽하이에서 발해 왕실 무덤 14기를 발굴하고 그 발굴보고서를 『考古 2006年 第6期』에 간략 발표하였다.

　발해 무덤이 집중적으로 분포하고 있는 허룽시 龍頭山 부근에서는 793년에 축조된 발해 3대 문황제의 넷째딸 정효공주의 벽화무덤이 발굴되는 등 발해문화의 寶庫이다.

　2004~2005년에 걸친 발굴 결과 발해 3대 문황제의 부인 효의황후와 9대 간황제의 부인 순목황후의 무덤을 발굴하였다. 돌방무덤 속에서 墓誌銘이 출토되어 두 무덤의 주인공이 밝혀진 것이다. 아울러 '皇后'라 칭한 것은 발해국이 황제국으로 자칭한

사진92 발굴된 발해 무덤(M13,M14)과 지상 건축구조물 터

사진93 발해 금제 관식과 삽도(위), 고구려 금동 관장식과 백제 은제 관장식(아래)

독립적인 국가라는 것을 알 수 있다.

　14기의 무덤 중에 도굴되지 않은 부부 합장 M14무덤에서는 최초로 발해의 金製
冠飾이 한 점 출토되었다. 이 부부 합장 무덤은 묘지명이 발견되지 않아서 피장자의
신원은 확인할 수 없으나 금과 옥으로 만든 허리띠, 금팔찌, 금비녀 등이 출토되어 왕
족의 무덤으로 추정된다.

　출토된 금제 관식은 금판을 세 가닥으로 오려내고 魚子文의 바탕 위에 여의두문,
구름, 풀, 꽃, 넝쿨이 조합된 무늬를 쪼아 새겼다. 높이 16.8cm, 폭 20.7cm로 무령왕릉

의 금제 관식처럼 관장식만 남은 상태여서 관의 형태를 추정하기는 어렵다.

　　고구려의 鳥羽冠과 모양이 비슷하여 발해가 고구려를 계승한 것으로 보는 견해도 있지만, 고구려의 조우관과 이 관장식의 상징성은 일치하지 않는다. 고구려 금동관 장식과도 겉모습은 세 가닥으로 비슷해 보이지만 제작기법, 크기, 형태, 문양, 상징 등에 많은 차이점이 있다.

　　그러나 고구려의 맥을 이어받아 건국한 발해는 건국 초기 한동안 고구려의 복식과 제도를 유지했을 것으로 생각된다. 아울러 고구려 시대에 제왕들이 착용했던 금관도 양식과 형태의 변모를 이루며 계승되었을 것이다. M14무덤에서 발굴된 금제관식의 제작연대는 8세기 후반으로 추정되므로 적어도 고구려 멸망 이후 150여 년간 금관의 전통이 이어져왔으나 금관의 형태적인 차이가 커진 것을 알 수 있다. 최근 나주 송제리 백제 무덤에서 발굴된 은제 관장식은 기존 백제 관장식과는 다르게 생겼고 오히려 발해 금제 관식과 형태적 유사성이 있지만 발해 금관 장식과의 연관성은 찾기 어렵다.

2. 백제 금관

　　백제의 금관은 현재까지 알려진 유물이 없다. 다만 일제강점기에 일본인들에 의해서 전남 나주 신촌리 9호분 乙棺의 금동관이 금동관모와 금동신발, 환두대도와 함께 출토되어 고구려, 신라, 가야와 같은 형태의 金冠文化가 있었다는 것을 알 수 있게 되었다. 이 금동관이 출토된 신촌리 9호분은 마한의 전통을 계승한 백제 고분으로 영산강 유역을 다스리던 4세기 말 ~ 5세기 초의 首長 무덤으로 추정된다. 이 시기에는 백제 도성의 왕도 이러한 형식의 금관을 제작하여 사용하였을 것이다. 다만 백제의 왕릉급 무덤도 고구려와 마찬가지로 도굴에 매우 취약한 구조여서 이미 수 세기에 걸쳐서 도굴되어 부장된 피장자의 금관을 우리가 볼 수 없게 되었을 뿐이다.

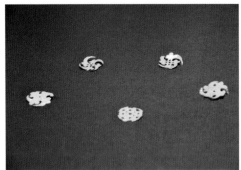 

사진94 나주 신촌리 무덤떼(위)와 금제 금관장식(아래)

나주 복암리 3호분 7호 무덤에서 출토된 역동적인 바람개비 모양의 금제 금관 장식은 금관의 관테에 붙였던 것으로 추정되며 실제로 백제 금관의 존재를 증명해주는 중요한 자료이다. 일반적으로 금동관에는 금으로 제작된 장식을 붙이지는 않고 금으로 제작된 금관에만 붙이기 때문이다. 이 도굴된 무덤의 잔존 유물을 확인함으로써 백제 금관의 존재 가능성을 확인할 수 있는 사례이다. 사진94

신촌리 9호무덤보다 약 100년 후에 조성된 무령왕릉에서는 왕과 왕비의 금제관

장식이 한 쌍씩 출토되었는데, 외관이 없는 상태여서 삼국시대 금관의 基本形과는 다르며 천이나 가죽의 관모에 부착하였던 장식품으로 생각된다. 그리고 이 시기에 왕릉에서 외관과 내관이 함께 출토되지 않았다는 것은 이미 5세기를 전후하여 제작된 신촌리 금동관 형태의 금관 제작에 변화가 생겨서 6세기 이후에는 금관의 외관이 없어지고 내관 중심의 관모로 변형되었음을 알 수 있다.

현재까지 금관이 발견되지 않은 백제의 금관은 신촌리 금동관을 중심으로 연구하는 것도 하나의 방법일 수 있다. 고구려, 신라, 가야에서도 재질만 다를 뿐 금관의 양식은 금동관과 거의 동일하기 때문이다.

나주 신촌리 금동관(국보 제295호)은 일제강점기인 1917년 12월 23일 조선총독부 소속 조사원인 곡정제일谷井濟一이 주도하여 발굴하였다. 일제강점기에 발굴되었지만, 전남지역과 영산강 유역 고대문화의 대표적인 유물로서 그 상징성이 매우 높다.

이 금동관의 제작 시기는 대략 4세기 말에서 5세기 초반으로 지역에서 자체 제작하였거나 중앙정부에서 하사받은 것이 분명하다. 백제의 시조는 부여, 고구려에서 남하한 온조 집단으로, 마한 54개 연맹체 중 하나인 백제국으로 성장하여 4세기 근초

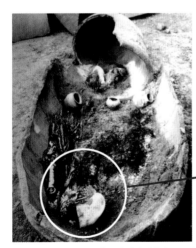

사진95 신촌리 금동관 출토 사진과 신촌리 금동관

사진96 나주 신촌리 금동관(국보 제295호)

고왕 때 마한 전체를 통일하였다. 이 통일기에 복속된 지역의 수장에게 하사한 것일 확률이 더 높다.

　　그동안 일제강점기에 최초 발굴자의 의견대로 이 신촌리 금동관의 상징은 草花文으로 평가절하되어왔고 현재도 그 틀을 벗어나지 못하고 있다. 부여와 고구려에 뿌리를 같이하는 백제는 불멸의 태양과 불꽃을 숭상하였다. 따라서 이 금동관의 상징물은 고구려의 금관처럼 불꽃 문양을 형상화한 것이다. 관테의 폭은 3cm이고 길이가 50cm이며 직경이 17cm이다. 외관과 내관이 온전한 형태로 남은 유일한 백제 금동관으로 학술적인 가치가 매우 높다. 사진96

　　이 금동관의 외관은 관테에 똑같은 3점의 화염문火焰文 세움 장식을 달았는데 가운데 화염문을 중심으로 양옆에 하나씩 3개의 불꽃이 기본을 이루고 있으며 불꽃의

사진97 신촌리 금동관의 좌우 측면

사진98 신신촌리 금동관(좌)과 고구려 금관(중), 고구려 금동관(우)의 세움 장식

끝부분은 빛나는 유리구슬을 달아서 화려함을 더하였다.

금동관의 세움 장식은 불꽃 문양이지만 식물 문양으로 오인될 수 있으나 청암리 토성 출토 고구려 금동관이나 전 평남 강서군 출토 고구려 금관의 세움 장식과 양식 상으로 일치하는 면이 있고 아울러 그 공통점을 면밀하게 조사할 필요가 있다. 세움 장식 윗부분의 불꽃 심지와 아랫부분에 뻗어나간 불꽃 가지의 표현 등이 고구려 금관과 매우 유사하기 때문이다. 그리고 고대 통치자의 머리 위에 절대 권력과 신비성을 상징하는 문양은 영원불멸의 태양이나 불꽃 문양이 식물 문양보다는 더욱 설득력이 있다.

세움 장식은 두 개씩의 고정 못을 사용하여 금동 관테에 부착시켰다. 고정 못을 사용한 경우는 신라, 백제에서 사례를 볼 수 있으나 고구려에선 찾아볼 수 없는 방식이다.

금동 관테의 장식은 관테의 상단과 하단에 각 두 줄의 點線文과 그 사이에 둥근

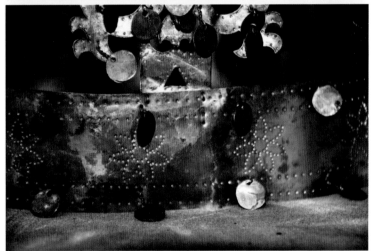

사진99 신촌리 금동관(위)과 고구려 금관(아래)의 관테와 세움 장식의 결구

정으로 구슬 문양을 찍어 從屬文樣으로 둘렀으며, 중앙의 공간에는 主文樣으로 7엽의 꽃문양을 양각 점선문으로 찍어 일정한 간격을 두고 새겨 넣었다. 꽃잎의 끝부분은 구슬 문양으로 찍어서 마무리하였다.

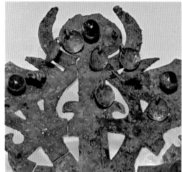

사진100 신덕무덤 출토 금동관 유리구슬(위)과 쌍무덤 금동관 세움 장식, 신촌리 금동관의 유리구슬(아래)

전 강서군 출토 고구려 금관과 비교해 보면 관테의 상단과 하단에 두 줄의 점열문이 나란히 같고 관테의 중앙에 일정한 간격으로 꽃장식이 배열된 것도 같다. 그러나 달개 장식은 윗부분에만 있고 점열문은 음양각이 반대로 찍힌 차이점도 보인다. 그리고 바람개비 모양의 복암리 출토 금제 장식은 금관테에 일정한 간격으로 붙였던 것으로 추정된다. 사진94

금동관 뒷부분의 금동 관테가 유실되어 꽃 문양의 개수는 확인할 수 없지만 현재 9과가 남아 있다. 관테 상단의 점열문 사이에는 달개 장식을 달았고 하단에는 달지 않았으며 관테의 뒷부분은 결실되어 이음 방식은 알 수 없다.

사진101 익산 입점리 1호 무덤 출토 금동관 조각

이 금동관에는 관테나 세움 장식, 금동관모에 매우 정교한 點線彫 기법이 나타나는데 모두 뒷면에서 찍어내어 볼록 튀어나오게 하는 陽刻의 효과를 얻고 있으며 관테와 세움 장식에 붙인 달개는 모두 딸정으로 찍어내어 銅絲로 꼬아 붙였다.

세움 장식의 세 봉오리 끝부분에는 유리구슬을 꽂았는데 신라나 고구려의 금관에선 볼 수 없는 기법이다. 영암 쌍무덤과 함평 신덕 1호 무덤에서 출토된 금동관을 보면 크고 작은 유리구슬을 붙여서 화려하게 치장하였는데 이와 밀접한 관계가 있었을 것이다. 빛나는 유리구슬의 의미는 세움 장식이 불꽃을 형상화시킨 것임을 입증한다.

신덕 1호 무덤에서 출토된 금동관 조각은 많이 훼손되어 원형을 복원하기는 어

서산 부장리 금동절풍과 익산 입점리 금동절풍(상), 공주 수촌리 금동절풍과 신촌리 금동관의 절풍(중)
고흥 길두리 금동절풍과 경기 화성 금동절풍(하)

사진102 백제의 금동내관(절풍)

려우나 넓은 관테와 세움 장식은 확인할 수 있다. 그리고 익산 입점리에서 출토된 금동절풍과 외관 조각은 이때까지 백제 금관은 외관이 존재했다는 것을 알려준다. 금동 관테는 상·하단에 대칭으로 점열문과 파상 점열문이 있으며 관테의 중앙부에 일정한 간격으로 달개 장식을 매단 것으로 보인다. 세움 장식은 훼손이 심하여 확인이 거의 불가능하다. 사진100

신촌리 금동관의 折風(金銅冠帽, 內冠)은 두 장의 금동판을 맞대고 중간의 긴 연결 금동판을 이용하여 금동 못으로 고정시켰다. 현재까지 출토된 백제 절풍은 모두 8점으로 나주 신촌리 9호 무덤 을관, 익산 입점리 1호 무덤, 공주 수촌리 1호 4호 무덤, 서산 부장리 5호 무덤, 천안 용원리 9호 무덤, 경기 화성, 고흥 길두리 안동 무덤에서 출토되었고, 가야 무덤인 합천 옥전 23호 무덤과 일본 에다후나야마 무덤에서도 백제 계통의 절풍이 출토되었다.

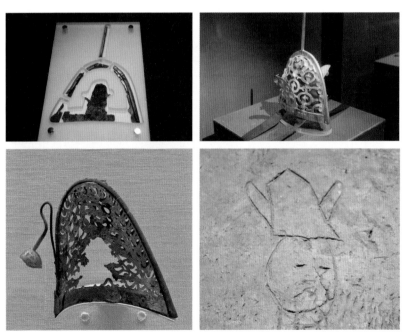

사진103 옥전동 금동절풍과 복원품(위), 에다후나야마 절풍, 기와에 그려진 절풍을 쓴 백제인 그림(아래)

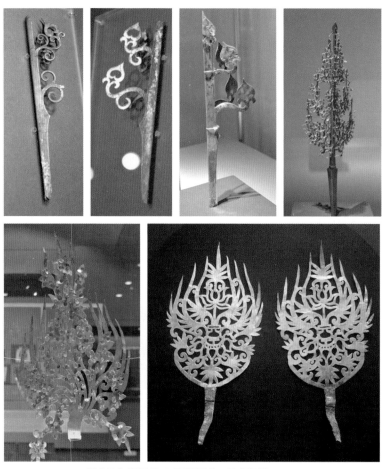

백제의 은제관장식(상), 무령왕릉 출토 금제관장식 (왕, 왕비)(하)

사진104 백제의 관장식

　　백제의 금동 절풍은 백제 전 영역에서 골고루 출토되었는데 각 지방 통치자들의 위세품으로 볼 수 있으며 부장용이 아니고 실제 사용하였음을 기와에 새겨진 백제 인물상을 통하여 알 수 있다. 사진103

　　4세기 말에서 5세기 초에 조성된 것으로 추정되는 공주 수촌리의 금동관도 나주

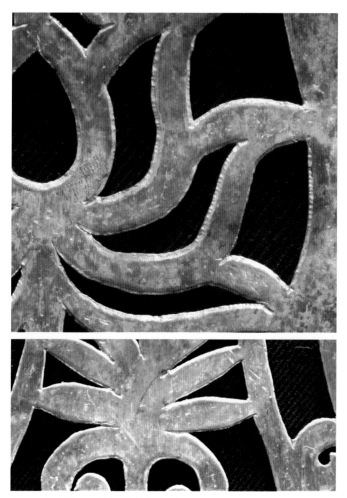

사진105 무령왕릉 출토 관장식의 절단면(부분)

신촌리 금동관처럼 內冠과 外冠이 함께 있었던 것으로 확인되었으며, 외관은 관테의 폭이 1.6cm이고 3개의 세움 장식이 있었다. 익산 입점리 출토 금동관도 내관과 외관이 함께 출토되었으나 외관은 훼손 정도가 심해서 관테의 일부분만 남아 있다.

　백제 절풍의 앞에 꽂았던 장식품인 은제 관식은 미륵사지탑과 논산 육곡리, 부여

하황리, 칠곡 송림사5층탑에서 출토되었다. 칠곡 송림사5층탑에서 출토된 관식은 남북국시대 신라의 것으로 比定되어 왔으나 백제의 전래 유물로 보인다. 사진104

그리고 이 관장식의 문양은 일반적으로 꽃무늬로 보지만 불꽃무늬를 형상화한 것으로 볼 수 있으며 신라의 내관 장식인 용각관龍角冠과 같은 용도다.

무령왕릉에서 출토된 왕과 왕비의 금제 관장식들은 불꽃무늬와 식물무늬가 혼합된 경우로 전체적인 모양은 불꽃이며 세부적 표현은 식물의 꽃을 형상화하였다. 이 관장식들은 절풍의 앞면에 달던 것은 아니며 금관의 세움 장식에 해당하는 것으로 보아야 한다. 특히 주목해야 할 것은 무령왕릉 출토 관장식은 금판을 자른 후에 단면을 곱게 다듬지 않아서 자칫 잘못하면 손을 베일 수 있을 정도다. 이것은 절풍에 달던 다른 관장식과는 다르게 부장용으로 제작된 관장식임을 추정하게 한다. 사진105

신촌리 9호분의 금동관은 고구려의 금관과는 제작기법이나 형태가 완전히 일치하지는 않으나, 관테에 7엽의 꽃문양이 점선조로 새겨진 것은 신라나 가야에서 볼 수

사진106 공주 수촌리 금동절풍의 발굴

사진107 삼국시대 환두도의 고리 문양(용, 봉황, 삼엽문)

없는 기법으로 고구려 금관과의 밀접한 관계를 나타낸다.

신라 금관의 드리개 장식이 없는 점과 화염문의 세움 장식 조각기법과 형태는 고구려의 영향을 받은 것으로 보인다. 불꽃 가지의 조각 형태도 고구려 금관과 매우 유사하여 이들의 상호관계가 밀접하였음을 알 수 있다. 사진98, 사진99

발굴된 금동절풍의 무늬는 서산 부장리 금동절풍(용, 봉황), 익산 입점리 금동절풍(봉황장식), 공주 수촌리 금동절풍(용, 봉황), 고흥 길두리 금동절풍(용, 봉황), 천안 용원리 금동절풍(훼손으로인한 불명), 경기 화성 금동절풍(불꽃심지), 옥전동 23호 무덤(불꽃심지), 일본 에다후나야마 금동절풍(용)으로 모두 큰 뜻을 지닌 것으로 지배자의 권위와 상징을 나타낸다. 사진102

그동안 '三葉文'으로 규정된 삼국시대의 문양은 완전히 식물을 뜻하는 의미로 잘못 인식되어왔다. 최초의 명명자는 확실치 않으나 일제강점기 일본 학자들에 의해 처음으로 불린 것은 확실하다. 현재까지 아무런 검증없이 그대로 수용한 결과 고대 국가의 절대권력자에게는 늘 식물이 존재하게 되는 오류를 범하고 있다. 경기 화성과 옥전 23호 무덤에서 출토된 금동절풍의 문양은 '삼엽문'에서 '불꽃심지'로 바뀌어야 한다.

環頭刀의 고리 장식에 등장하는 용, 봉황, 삼엽문에서 용, 봉황의 막강한 문양과 삼엽문은 전혀 어울리지 않는다. 삼엽문은 당연히 '용의 뿔'이나 불꽃 심지로 바꿔 해

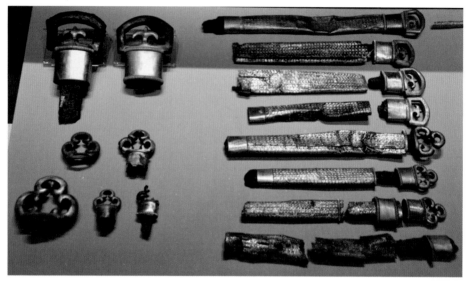

사진108 황남대총 출토 환두도의 삼엽문 고리자루칼

석해야 한다.

　그동안 '삼엽문'이라 하여 식물로 둔갑한 무늬의 진정한 삼국시대 상징은 무엇일까? 두 가지 의미로 생각할 수 있는데 '불꽃 심지'와 '용의 뿔'이다. 고구려에는 '불꽃 심지'로 금동관의 장식이나 무덤 벽화의 불꽃 무늬에 나타나고 신라, 가야에는 '용의 뿔'로 가야 금관의 세움 장식이나 고리자루칼의 고리 장식으로 많이 사용되었다. 용맹스러움과 권위의 상징인 권력자의 칼에 연약한 새싹인 '삼엽문'은 삼국시대 본래 의미와는 전혀 다르게 오인된 것이다. 사진108, 사진109

　경기 화성과 옥전 23호 무덤에서 출토된 금동절풍의 삼엽문과 절풍의 앞에 꽂았던 은꽃 장식은 모두 고구려와 한줄기인 백제 유물로 '불꽃심지'를 상징한다. 따라서 신촌리 금동관 내외관의 무늬는 불꽃 무늬를 형상화한 것이다. 부여국에서 고구려와 같이 갈라져 나온 백제는 최고 권위의 상징인 금관을 고구려처럼 영원불멸의 태양과 불꽃으로 형상화했다. 신촌리 금동관의 세움 장식에 박은 유리구슬은 빛을 발하는 도

불꽃무늬금동관의 불꽃 심지(평양 청암리)　　　고구려 금관, 관장식의 불꽃 심지

용면수막새의 뿔(황룡사지)　　　고리자루칼의 '용의 뿔' 장식

사진109 황남대총 출토 환두도의 삼엽문 고리자루칼

구로 불꽃을 상징하는 의미에 부합한다.

　　나주 신촌리 금동관은 평양 청암리 출토 고구려 금동관과 전 강서군 출토 고구려 금관의 불꽃 장식과도 일맥상통한다. 마치 식물처럼 형상화된 불꽃 가지와 봉오리를 오해하여 식물 무늬로 단정하여 금동관의 의미를 평가절하하는 오류를 범하면 이 금동관의 본래 의미는 전혀 달라진다. 축소 왜곡되는 것이다.

　　고대 백제왕국의 절대권력자인 帝王이 갈망하고 흠모하던 것은 용, 봉황 그리고 영원불멸의 태양과 불꽃이었다. 이 문양들은 수장급 무덤의 부장품에 항상 등장하는 장식 문양으로 소수 권력자의 전유물이며 과시물이었기 때문이다.

　　『삼국사기』 기록에 의하면, "왕이 금화식金花飾 조라관烏羅冠을 쓰고 남당에 앉아 정사를 보았다"라고 하여 금장식이 달린 관을 쓰고 실제 정사를 보았다는 내용이 있다. 사진104의 형태인 장식인데 금으로 만든 것으로 추정되며 부장용副葬用이 아닌 실용實用으로 사용된 것을 의미하는 중요한 대목이다. 또한 『당서唐書』에는 "백제왕은 오라관에 금꽃을 장식했고 관인들은 관모에 은꽃을 장식했다"라고 하여 왕과 대신들 간의 관장식 재질이 달랐음을 알 수 있다. 이 두 대목에서 꽃장식은 불꽃을 의미한다.

　　백제의 금관 문화는 대체로 5세기까지는 고구려나 신라처럼 內外冠이 한 조를 이루는 형식의 형태에서 6세기 이후에는 외관이 사라지고 내관이 발전하는 모습으로 진화한다. 왕은 금으로 제작된 관을 사용하고 대신들은 은이나 금동으로 제작된 것을 사용한 것으로 추정된다. 고대 사회에서 금은 영원불멸의 태양이자 불꽃으로 최상위 절대권력자의 전유물이었기 때문이다.

　　현존하는 백제의 금관은 없으나 신촌리 금동관의 발굴로 백제 금관의 원형을 추정할 수 있게 되었으며 고구려나 신라의 금관처럼 화려하고 수준 높은 예술성을 지닌 것으로 생각할 수 있다. 태양을 상징하는 화려한 불꽃을 형상화한 외관과 용과 봉황 무늬로 투각된 내관의 앞면에는 '불꽃 심지'의 관장식을 꽂았을 것이다. 그러면 화려하게 빛나는 내외관의 금빛이 영원한 태양의 빛을 발하고 내관에 투각된 용과 봉황은 제왕을 상징하여 그 누구도 넘볼 수 없는 위엄을 과시하게 된다.

2000년 이후에 공주 수촌리 금동절풍의 출토를 시작으로 서산 부장리, 고흥 길두리, 경기도 화성에서 새로운 백제 금동절풍이 발굴되었고 함평 신덕고분에서는 금동관이 출토되었으며, 부여 왕흥사지와 미륵사지에서 사용 연대가 명확한 은제 관장식이 출토되었다.

일제강점기 신촌리 금동관이 출토된 이후에 백제의 관은 內外冠과 冠裝飾이 꾸준히 출토되어 백제 금관의 존재 여부도 확실하게 추정할 수 있게 되었다. 전술한 바와 같이 백제시대 금관은 신촌리 금동관 형태로 존재했을 가능성이 크며 금관의 상징은 고구려와 동일한 영원불멸의 태양과 불꽃을 상징한다.

일각에서는 일본 후지노키 고분 금동관과 신촌리 금동관을 같은 의미로 해석하는 경향이 있으나 이는 세움 장식 문양의 차이를 잘못 인식한 것이다. 후지노키 고분의 상징은 나무 위에 앉아 있는 원앙새를 묘사한 것으로 오히려 나무 위에 독수리가 있는 틸리아 테베의 금관과 유사하다.

최근에는 영산강 유역 마한의 수장 무덤으로 알려진 '영암군 내동리 쌍무덤(기념물 제83호)'에서 나주 신촌리 금동관의 부속품과 유사한 세움 장식과 유리알, 달개 장식을 매달았던 금동실, 금동 달개 장식이 발굴되었다. 발굴된 세움 장식은 신촌리 금동관과 같은 계열로 세 줄기의 불꽃을 형상화한 것인데, 차이점은 관테에서 세 줄기로 올라온 신촌리 금동관의 불꽃 장식과는 다르게 한 줄기로 올라온 불꽃이 세 갈래로 나뉜 형상이다. 불꽃 가지와 봉오리의 형태는 비슷하고 불꽃의 빛을 의미하는 유리구슬도 같은 형식이며 세움 장식에는 달개 장식도 달려 있다. 관테나 내관 등은 아직 발견되지 않았으나 신촌리 금동관의 형식으로 보아도 무방하다. 사진110, 사진111

이 무덤에는 애당초 금동관을 부장품으로 사용한 것이며 당시 신촌리 금동관과 같은 금동관을 마한의 여러 지역에서 동시에 사용했다는 것을 알 수 있게 해준다.

살펴본 바와 같이 백제의 금관은 현존하는 유물이 없으나, 고구려에서 전래되어 5세기 전후에 제작된 나주 신촌리 금동관과 같은 종류의 금관이 왕실을 중심으로 쓰였을 가능성이 높다. 지방의 수장들에게 금동관으로 제작하여 하사하거나 지방에서

사진110 영암 쌍무덤 발굴 현장

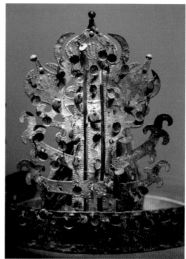

사진111 영암 쌍무덤 출토 세움 장식과 신촌리 금동관 세움 장식

자체 제작하여 사용한 것으로 추정할 수 있다.

6세기 이후에는 외관이 소멸되고 내관과 내관의 장식이 발전하게 되어 금동관모나 관모 장식이 발달한다.

3. 신라 금관

신라는 三國 중에 가장 많은 금관을 남겼으며 금동관, 은관, 동관 등 종류도 다양하다. 금관과 함께 금귀고리, 금허리띠, 금술잔, 금팔찌, 금반지, 금사발, 금목걸이 등 여러 종류의 황금 유물을 남겨서 '황금의 나라'라는 별칭을 얻을 정도다.

이것은 돌무지덧널무덤(積石木槨封土墳)이라는 신라인의 독특한 墓制 때문이다. 나무로 만든 방에 피장자와 부장품을 넣고 강돌과 돌, 흙을 쌓아서 봉분을 산처럼 크게 만든다. 세월이 흐르면 무덤 속 나무 방이 썩어서 흙이나 강돌, 돌이 함께 함몰되기 때문에 자연적으로 피장자와 부장품은 많은 양의 흙과 돌에 뒤섞이게 된다. 피장자와 함께 묻힌 부장품을 꺼내려면 산처럼 쌓았던 강돌과 흙을 다 파내야 해서 시간과 노동력이 많이 필요하다.

단시간에 유물만 꺼내 가는 도굴을 거의 불가능하게 만든 무덤 구조다. 5~6세기에 유행한 이런 무덤 구조 때문에 신라 금관은 다수 남아 있게 되고 보존 상태도 거의 완벽하여 우리나라 고대 금관 연구에 중요한 역할을 하고 있다.

1921년 경주의 民家 터에서 이사지왕릉(금관총)이 우연히 발굴되면서 처음 빛을 본 신라 금관은 당시에도 전 세계적 고고학계의 커다란 관심을 끌었다. 이후에는 1924년에 식리총이 발굴되었고 1926년에는 금령총과 서봉총, 1934년에는 황남리109호 무덤이 일제강점기에 발굴된 대표적인 신라 무덤이다.

최초의 신라 금관 발굴은 모두 일제강점기에 어용학자들에 의해 이뤄져서 신라 금관의 기원과 상징에 대한 해석이 세상의 빛을 보는 순간부터 왜곡되기 시작하였다.

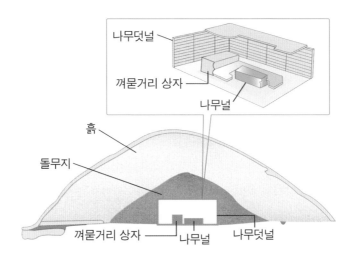

사진112 돌무지덧널무덤(경주 쪽샘지구 무덤 발굴 현장, 출토 유물)

사진113 일제강점기 식리총의 발굴

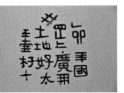

사진114 호우총과 출토된 고구려 명문청동합

광복 후, 처음으로 우리의 손으로 발굴하여 밝혀낸 고분이 壺杅塚이다. 경주시 노서동 민가 터에 묻혀 있던 무덤을 발굴하여 많은 양의 유물을 수습하였는데 '광개토태왕'의 명문이 새겨진 청동합이 발견되어 세상을 놀라게 하였다. 당시 고구려와 신라의 주종관계를 증명하는 중요한 유물이 발견되어 무덤의 이름조차 '호우총'이 되었다.

호우총의 발굴을 시작으로 신라 금관이 출토된 무덤은 천마총(1973년 발굴), 황남대총(1977년 발굴)이다. 그리고 경주시 교동에서 도굴된 교동금관이 있다. 천마총과 황남대총에서 출토된 금관은 우리나라 미술사에서 신라 금관의 위치를 확고하게 자리매김하였고, 교동금관은 가장 이른 시기에 제작된 신라 금관으로서 신라 금관의 변천 과정 연구에 매우 중요한 단서를 제공하였다.

신라 금관이 세상의 빛을 본 지도 어느덧 100년이 다가오고 우리 민족의 커다란 자부심이 되었지만, 여전히 신라 금관의 자생설과 북방 전래설이 나뉘어 있고 신라 금관이 무엇을 상징하는지에 대한 의견도 분분하다.

아직도 일제 어용학자들이 주장하던 '신라 금관의 북방 전래설'이 定說인 것처럼 버젓이 통용되는 한심한 현실이다. 심지어 일부 방송사와 연계하여 제대로 된 검증없이 공중파로 방영되어 우리 민족의 역사가 축소 왜곡되는 심각한 일이 벌어지고 있다.

한편으로는 신라 금관의 상징을 두고도 논쟁을 벌여왔는데 확실한 물증이나 근거 없이 아직도 '식물론植物論'과 '사슴뿔'에서 벗어나지 못하고 있다. 이 이론 역시 일제 어용학자들이 최초로 주장한 이론이기에 하루속히 수정되어야 한다.

1) 신라 금관의 구성(세움 장식, 곡옥 장식, 달개 장식, 관 장식)

(1) 금관의 세움 장식

신라 금관의 구성은 관테와 세 종류의 세움 장식(Y형, 出형, 뿔 모양), 달개 장식, 곡옥 장식, 드리개 장식으로 분류할 수 있다. 금관은 제작 시기와 착용 인물의 신분과 위

사진115 신라 용면문고리(좌)와 북위 용면문고리(우)

치에 따라서 장식들이 생략되거나 첨가되는 경우가 있고 크기와 금의 純度도 차이가 난다.

먼저 신라 금관을 이해하려면 금관을 구성하는 요소의 의미를 정확하게 파악해야 한다. 신라인이 금관을 착용한 이유와 무엇을 상징하는지를 확실하게 밝히는 것이다. 신라 금관이 처음으로 출토된 지도 100여 년이 되었지만, 현재까지 명쾌한 해답이 없었다. 우선, 삼국시대의 용龍에 주목해본다.

'古代社會의 용은 어떤 의미가 있는가?' 고대의 사회에서 용이 나타내는 상징성은 매우 크다. 용은 우주 만물의 신성한 질서를 다스려 국가를 수호하고 왕실의 조상신으로서 제왕의 권력을 상징한다. 그래서 왕실의 건축물이나 제왕의 장신구, 의복, 무기, 마구 등 기물에는 용의 형상을 새겨 넣으며 용안龍顔, 용상龍床, 용루龍淚, 용좌龍座, 용포龍袍, 용가龍駕 등의 용어도 만들어질 정도이다. 그만큼 절대권력자는 용을 흠모하고 자신이 용처럼 보이길 원했다.

용의 눈, 코, 입, 귀, 수염은 제왕의 신체로써 모두 대신할 수 있지만, 가장 상징적인 용의 뿔을 대신할 수 있는 것이 인간의 몸에는 없었다. 이러한 상황에서 신라의 금관은 인간 스스로는 갖추지 못한 용의 뿔龍角을 형상화시킨 것이다. 즉, 용의 뿔을 제왕의 머리에 얹으면서 용과 같은 지위의 절대권력자가 되어 국가를 통치하고 왕실을 보존하는 신성한 존재라는 것을 정당화하였을 것이다.

용두 장식 靑銅龍頭形裝飾

신라 新羅
황룡사 皇龍寺

Dragon Ornament(Bronze)

사진116 용의 얼굴이 입체적으로 표현된 유물들

사진117 용의 얼굴이 측면으로 표현된 유물들

사진118 용의 얼굴이 정면으로 표현된 사래기와

사진119 용의 얼굴이 정면으로 표현된 유물들

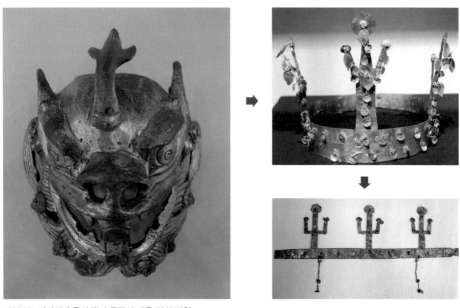

사진120 신라시대 용의 뿔과 금관의 세움 장식 변천

　　신라 금관의 세움 장식(Y형, 出형)은 용의 뿔을 평면에서 바라본 모습으로 형상화
된 것으로 신라 유물에서도 그 근거를 찾을 수 있는데, 우선 신라시대 용 뿔의 형태를
파악해야 한다. 조선시대 용의 뿔은 귀의 뒤쪽에서 나란히 두 개가 뻗어 나와 한 쌍을
이루지만, 삼국시대부터 고려시대 중반까지 용의 뿔은 양미간의 중심부나 이마 위쪽
에서 한 뿌리로 나와서 두세 갈래로 벌어지거나 처음부터 두세 갈래로 갈라져서 나온
다. 즉, 용은 외뿔인 單角獸이다. 현존하는 금관을 통하여 당대에 형상화 시킨 용 뿔의
생김새를 파악할 수 있다. 따라서 유물 자료에서 입체적인 용, 용의 측면, 용의 정면을
면밀히 살펴보면 신라 금관 세움 장식이 용의 뿔을 상징화시킨 것을 알 수 있으며 새
싹처럼 표현된 경우가 많다. 사진115

　　사진116은 신라 금동용두(메트로폴리탄 미술관), 양양 진전사지 출토 신라 금동용
두(단국대학교 박물관), 청동용두(황룡사지 출토), 백제 금동용두 일산살꼭지(부소산성 출토),

1(용의 정면)　　　2(정면도)

3(측면도)　　　4　　　5(평면도)

사진121 보는 각도와 위치에 따른 금관 세움 장식의 모양

금동용두의자장식, 금동용두 한 쌍(안압지 출토), 선림원지 중대석의 용, 청자어룡형주
전자(국립중앙박물관), 청동초두(식리총 출토), 청동초두(법천리 출토), 청동초두(도쿄국립박물
관), 신라 청동초두(말흘리 출토), 신라 금동용두(리움미술관), 태종무열왕 비석 이수 부분,
고려 황금용두잔, 백제 금동용봉봉래산향로, 신라 청동국자(식리총 출토), 신라 금동용
두(영축사지 출토) 등은 용의 머리를 입체적으로 표현하여 용의 모습과 뿔을 확실하게
알 수 있는 유물들이다.

　　사진117~사진119는 고달사지 부도탑의 용 조각, 무령왕릉 출토 백제 용문환두
도, 고려 금동용장식, 금동용문운주(일본 도쿄국립박물관), 정촌고분 출토 백제 금동용두
신발, 무령왕릉 출토 백제 은제받침잔으로 용의 옆면을 표현한 유물들과 신라시대 용

면사래기와, 신라 청동용면손잡이, 황룡사지 출토 신라 용면와당, 고달사지 신도비 이수 부분의 용, 고구려 용면와당의 용면, 금동용문과대(일본 텐리대학 참고관), 논산 표정리 출토 백제 청동용면방울, 창녕 교동 출토 가야 청동용면방울로 용 얼굴의 정면을 묘사한 유물이다.

삼국시대부터 고려시대까지 용을 표현한 유물을 입체적인 것, 용의 옆면을 표현한 것, 용의 정면을 나타낸 것으로 3분 하여 나열하였다. 여기서 용의 뿔은 용의 양쪽 눈 가운데(미간)나 이마에서 한 뿌리로 나오면서 두 가닥으로 나눠지는 것을 확인할 수 있다. 즉, Y자 형태로 벌어진다. 초기 신라 금관의 세움 장식과 같은 형태이다. 사진120

신라시대 유물에 등장하는 용의 뿔을 세밀히 관찰해 보면 신라 금관의 세움 장식은 용의 뿔을 형상화시킨 것으로 결론 지을 수 있다. 초기의 신라 금관은 용의 뿔을 평면에서 본 Y자 형태이며, 1~3단의 세움 장식을 1개 혹은 3개로 화려하게 제작하였다. 중기의 전성기에는 평면과 양쪽 측면에서 본 용의 뿔을 합하여 입체적으로 형상화하여 신라 금관의 완성도를 이뤘다. 사진120

出자형의 세움 장식을 모형으로 제작하여 사진121의 3번처럼 구부리면 4번 왼쪽의 세움 장식이 되고 2번처럼 눕히면 1번 용면사래기와의 뿔이 된다. 2번을 다시 직각으로 세우면 4번 오른쪽의 세움 장식이 된다. 즉, 4번의 두 세움 장식은 같은 상징물이며 보이는 위치에 따라서 다르게 표현된 것일 뿐이다. 따라서 4번 오른쪽과 왼쪽의 세움 장식 가지 끝의 봉오리도 역시 같은 의미이다. 4번의 왼쪽 세움 장식을 사슴뿔로 설정하고 오른쪽은 나무 봐서 서로 다른 종으로 설정하면 같은 생김새인 가지 끝부분의 봉오리를 설명하기 어려워진다. 사진121

신라 금관이 상징하는 것은 '용의 뿔'이며 금관의 세움장식은 용의 뿔을 평면에서 본 모습을 세운 것과 측면에서 본 모습을 원근법 없이 세워서 입체적으로 표현한 것이고, 내관 장식(용각관)은 두 갈래로 갈라져 나온 용의 뿔을 형상화하여 관모에 붙여서 절대왕권의 권위와 위엄을 표현한 것이다. 즉, 사슴뿔과 나뭇가지의 조합으로 잘못 알려진 세움 장식은 서로 같은 상징물이며 굴곡진 용뿔의 측면도와 평면도를 펼

사진122 凸자 모양 뿔의 고구려 용면와당

쳐서 세워놓은 것이다.

북위(386~534년)는 선비족인 탁발부가 화북지방의 한족들을 점령하고 세운 왕국이고, 현재 중국 산시성 다퉁시에 도읍을 정한 시기는 398~493년이다. 이 시기는 신라 금관이 제작된 시기와 일치하는데 다퉁시의 왕궁터에서 출토된 금동용두문고리를 보면 미간에서 세 가닥으로 나온 용의 뿔을 신라 금관의 세움장식처럼 형상화한 사례를 확인할 수 있다.

출토된 유물은 모두 5종류로 용의 뿔 모양은 약간씩 차이를 보이고 있는데 가장 큰 차이는 중앙의 뿔을 풀잎처럼 형상화시킨 것과 사실적으로 표현한 것이다.

용의 머리를 약간 숙인 듯하게 제작하여 뿔이 정면을 향하게 하였다. 용의 머리가 정면을 향한 신라 금동용두문고리와는 약간 다르지만 뿔을 더 확실하게 표현할 수 있는 방법이며 신라 금관의 세움 장식이 용의 뿔을 상징한 것이라는 직접적인 증거 자료다. 왕의 상징인 용을 왕궁의 건축부재로 사용하는 것은 당연하고 정교한 조각에 화려한 금도금까지 하여 절대왕권의 위엄을 나타냈다. 사진123

북위의 금동용두문고리는 용의 머리를 약간 아래로 숙여서 뿔이 서 있는 형태로

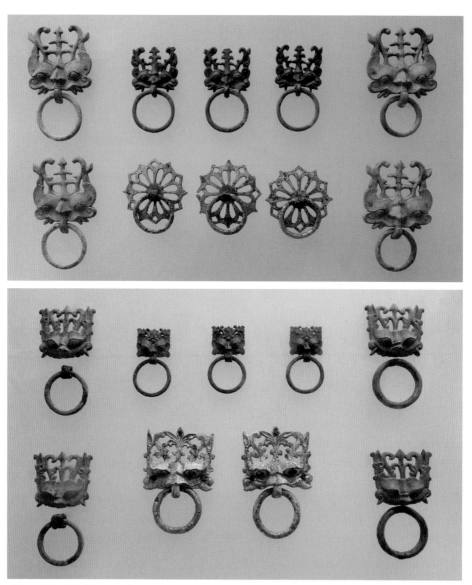

사진123 북위시대 금동용두문고리(중국 다퉁시 북위 왕궁 유적지 출토)

사진124 북위 금동용두문고리(위)와 신라 금동용두문고리(아래)

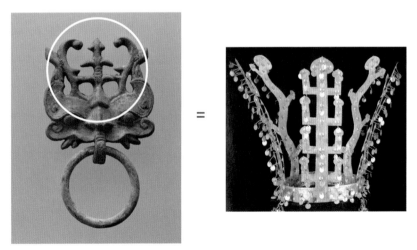

사진125 북위 금동용두문고리 용의 뿔과 신라 금관의 비교

보이게 한 반면에 신라 용두문고리장식은 모두 정면을 바라보고 있는 형상으로 뿔이 뒤편으로 누워있다. 실제로 용의 뿔은 평상시 머리 뒤로 눕혀진 모습으로 표현되는데 신라인들은 용의 뿔이 세워진 상태로 금관을 제작하여 제왕의 머리 위에 장식함으로써 잘 보이게 함과 동시에 절대왕권의 권위를 나타낸 것이다. 사진124, 사진125

(2) 곡옥 장식

중국의 신석기시대는 황허유역의 '仰韶文化', 양쯔강 유역의 '河姆渡文化'를 중심으로 지역에 따라서 기원과 특성이 다른 문화가 동시다발적으로 발생하였다. 이 강들을 중심으로 漢族의 중화문화권이 다양하게 신석기문화권을 형성하였다. 그러나 동북공정 이후, 중국은 그동안 인류 4대 문명 발상지이며 한족문화의 중심이라고 주장해오던 華夏族의 황허문명 始原論을 접고 내몽골과 요하 주변의 '紅山文化'를 중화문화의 시원으로 새롭게 주장하고 있다. 홍산문화는 메소포타미아문명이나 인더스문명보다 1,000년 이상 빠르고 광범위하며 세계 最古의 문명으로 인류 문명의 시발점이 되기 때문이다.

홍산문화의 중심지는 현재의 중국 영토 내에 있지만 7,000년 전에도 그랬을까? 홍산문화의 주체가 지금의 한족일까? 현재의 영토를 기준으로 역사를 해석하는 중국 동북공정의 사관에 입각하여 보면, 고조선, 부여, 고구려, 발해는 물론이고 선사시대의 홍산문화도 중국의 역사로 뒤바뀌게 된다. 모두 현재의 중국 영토 안에 있기 때문이다. 예를 들어서, 현재 스페인의 영토 안에 있는 로마시대의 유적이 스페인의 유적이 되고 로마제국도 스페인의 역사라고 주장하는 것과도 같은 이치이다. 그러나 이렇게 불합리한 중국 동북공정의 사관은 중국 안에서만 인정될 뿐이다.

70만 년 전 중기 구석기시대부터 인류가 생활해온 한반도는 온 나라에 구석기 유적이 산재해 있으며 신석기 유적 또한 전국적으로 분포되어 있다. 이런 상황에서 우리나라 신석기시대를 산발적인 소집단의 공동체로 정의해야 할 것인지 아니면 우리도 신석기문명권을 형성하고 있었는지 확인할 필요가 있다. 그러면 우리나라의 신석기시대는 어떤 문명인가? 바로 홍산문화紅山文化라고 답할 수 있다. 홍산문화와의 관련성은 현재 남아 있는 유적과 유물로 입증된다. 즐문토기, 암각화, 적석총, 옥룡, 結像耳飾(옥귀걸이) 등의 많은 유물이 홍산문화의 유물과 거의 일치한다. 홍산문화는 내몽골과 조양, 요하지역, 발해만, 한반도에 걸친 거대한 문명체로 주체는 동이족이고 동이족의 주체는 우리 민족이다. 황허와 양쯔강 유역의 화하족(한족)문화와 홍산문화는 공통점이 거의 없는 별개의 문화지만 중국은 홍산문화를 동북공정의 사관에 입각하여 '중화의 시조마을', '요하문명론' 등으로 한족문화에 편입시켰다.

홍산문화의 가장 대표적인 유물은 옥룡과 옥귀걸이이다. 홍산문화 옥귀걸이와 동일한 옥귀걸이는 강원도 문암리, 충청도 휴암리, 여수 안도패총 등 한반도 전역에서 출토되었지만 더욱 중요한 옥룡은 출토되지 않았었다. 그러나 경기도박물관의 고고실에는 한반도에서 출토된 최초의 옥룡을 소장하고 있다. 사진126(맨 위)

경기도 파주 주월리 신석기 유적지에서 출토된 이 옥룡은 홍산문화의 옥룡들과 일맥상통하며 홍산문화의 주체는 우리 민족이라는 확고한 증거품이다. 무심하게 지나칠 수 있는 작은 유물의 의미가 너무도 중요하다. 인류 문명 시발점의 주체에 우리 민족이 있는 것이다. 한반도에서는 옥룡과 옥귀걸이 외에도 대롱옥, 사다리꼴 목걸이 장식, 첨형의 옥 장식 등 홍산문화의 유물과 같은 계통의 신석기시대 유물이 출토되고 있다.

홍산문화의 핵심적인 유물인 옥룡은 어떻게 진화되고 변모하였을까? 중국은 실증유물로 설명할 방법이 없다. 즉, 맥이 끊겼다는 것이고 이것은 애당초 홍산문화가 한족문화가 아니라는 것을 방증한다. 우리나라는 옥룡이 신석기시대, 청동기시대, 철기시대, 삼국시대까지 수천 년 동안 꾸준히 제작되고 진화하며 발전한다. 사진128

신석기시대 옥룡이 삼국시대까지 곱은옥(曲玉)으로 형상화되고 널리 제작되었다. 즉, 곡옥이 옥룡인 것이다. 곱은옥은 휘어져 잘 다듬어진 옥룡으로 우리나라 고대 유물 중에서 중요한 위치를 차지한다. 출토되는 수량도 많으며 재질은 옥, 비취, 유리, 돌, 금, 토기, 뼈, 수정 등으로 매우 다양한데 통칭하여 곡옥으로 분류한다. 대부분 목

사진126 경기도 파주 출토 옥룡(맨위)과 홍산문화의 옥룡들(아래)

걸이나 팔찌, 금관, 허리띠 등의 장신구 부속품으로 절대 권력자의 권위를 상징하고 크기도 다양하며 용을 형상화한 것이다.

　　그동안 곡옥의 의미가 태아의 모습을 형상화시킨 것으로 잘못 해석되어 본래의 의미(龍의 형상화)에 큰 혼란을 주었으나 점진적으로 그 의미는 수정되고 있다. 초음파

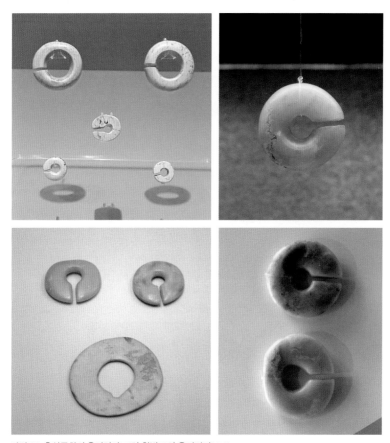

사진127 홍산문화의 옥귀걸이(위)와 한반도의 옥귀걸이(아래)

기계가 없던 과거에 태아의 모습을 어떻게 알 수 있었을까? 다분히 현대적인 시각으로 분석한 것이었다. 곡옥이 태아라면 母子曲玉을 설명하기는 더욱 곤란해진다. 이름대로 어미 태아가 자식 태아를 또 임신한 것일까? 모자곡옥은 어미용과 새끼용의 조합을 나타낸다고 보는 것이 더 타당하다. 사진128(맨 아래)

아울러 곡옥이 용을 형상화시킨 증거가 되는 유물도 많이 남아 있고 가장 대표적인 사례는 일제강점기 금관총에서 출토된 금관 드리개 장식 끝부분의 금모용두곡

파주에서 출토된 신석기시대 옥룡

부여 송국리, 대구 출토 고조선시대 곡옥

강릉 초당동과 김해 대성동에서 출토된 수정곡옥(부분)

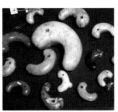

황남대총에서 출토된 곡옥과 삼국시대 모자곡옥(백제)

사진128 한반도 옥룡(곡옥)의 변천 과정

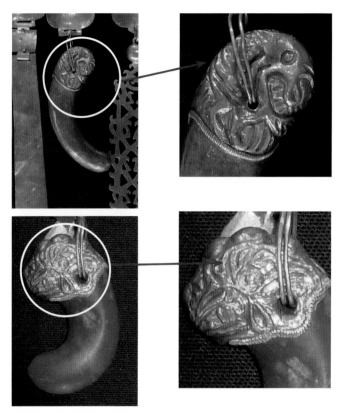

사진129 이사지 왕릉(금관총)출토 金帽龍頭曲玉(옥룡)

옥金帽龍頭曲玉과 금허리띠장식의 금제용두곡옥金製龍頭曲玉이다. 곡옥에 용의 머리를 조각하여 붙였다. 사진129

　　홍산문화의 옥룡처럼 용의 머리를 사실적으로 조각한 용두곡옥龍頭曲玉이다. 곡옥의 머리 부분에 금으로 용의 머리를 조각하여 씌웠다. 신석기시대의 옥룡이 삼국시대까지 수천 년을 이어 내려온 증거이며 우리 민족이 홍산문화의 주체임을 확인해주는 유물이다. 또한, 삼국시대 환두대도의 손잡이 끝장식에 여의주를 물고 있는 한 쌍의 용을 볼 수 있는데 곡옥처럼 휘어지고 형상화된 귀여운 용이 확인된다. 사진130

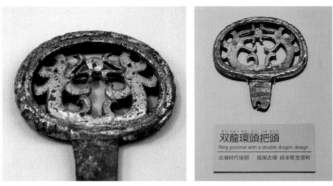

사진130　삼국시대 금동쌍용환두도의 고리(일본 텐리대학 참고관)와 일본 고분시대 쌍용환두
도고리

사진131　홍산문화의 옥룡(위)과 삼국시대 초두 손잡이의 용머리(아래)

　　그리고 홍산문화 후기 옥룡의 용머리 부분과 5세기 신라 식리총에서 출토된 청
동초두의 손잡이 끝 용머리 부분이나 원주 법천리에서 출토된 청동초두의 손잡이 끝
용머리 부분을 비교하면, 유물의 제작된 시기가 수천 년이나 차이가 나지만 용의 형
상이 거의 같은 것이 확인된다. 사진131

중국 연구자들은 홍산문화의 뿌리는 요하 주변 구석기 유적(15만년전)과 연결되고 요양지방 청동기문화의 뿌리는 홍산문화에 있다고 주장한다. 홍산문화 말기 거주지에서 청동기용범(거푸집)과 청동기가 출토되었기 때문이다. 이 논리는 청동기문화의 북방 전래설을 일축하고 이 지역에서 자체적으로 청동기문화가 발생했다는 중요한 의미가 있다. 바로 이 청동기문화가 기원전 2300년의 하가점하층문화夏家店下層文化로 고조선古朝鮮의 뿌리이기 때문이다.

그러면 70만 년 전부터 인류가 거주해온 한반도는 어떨까? 전 국토가 구석기문화, 신석기문화, 청동기문화, 철기문화의 유적 유물이 골고루 출토되지만 각 시대의 유적과 유물을 연결하여 우리 문화의 자체발생설自體發生說을 주장한 연구자는 별로 없다.

한반도 최초의 옥룡사진125이 출토된 경기도 파주 주월리 역시 구석기 유적지와 신석기 유적지가 혼재되어 있지만 두 문화의 관련성을 찾는 연구자는 흔치 않다. 그동안 각 시대별로 문화를 단절시켜서 우리 문화는 외래 문화의 온상인 것처럼 만들었던 식민사관의 틀을 아직도 벗어나지 못하고 있다. 오히려 중국 연구자들이 홍산문화를 연구하는 과정에서 우리 문화의 연속성과 청동기문화의 자체발생설을 밝혀주는 결과를 얻게 된 것이다.

인류 초기 문명인 홍산문화는 한반도와 요하지방, 내몽골을 포함한 광범위한 영역으로 청동기문화의 발생지이며 고조선의 뿌리가 된다. 대표적인 유물인 옥룡은 홍산문화의 주체가 우리 민족임을 밝혀주는 증거이며 곡옥의 의미도 알 수 있게 해주었다. 현재는 타국 영토가 된 홍산문화와 고조선의 고토를 십여 년간 직접 답사하며 유적과 유물을 실견하고 연구하여 홍산문화의 옥룡과 우리 민족의 곡옥에 대한 결론을 내렸다. 경기도박물관의 고고실에 놓여 있는 곡옥은 수천 년동안 간직한 한민족의 무궁무진한 이야기보따리를 소중히 간직하고 있다. 유물의 중요도에 비해 너무도 간단한 해석이 못내 아쉽지만, 이 유물 속의 수많은 사연을 풀어 놓는 작업은 후손들의 몫이다. 사진128(맨 위)

사진132 신라 용면사래기와(월성 해자 출토), 용면와당(금산사 출토)

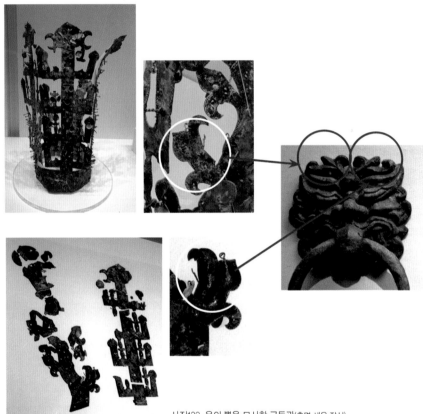

사진133 용의 뿔을 묘사한 금동관(측면 세움 장식)

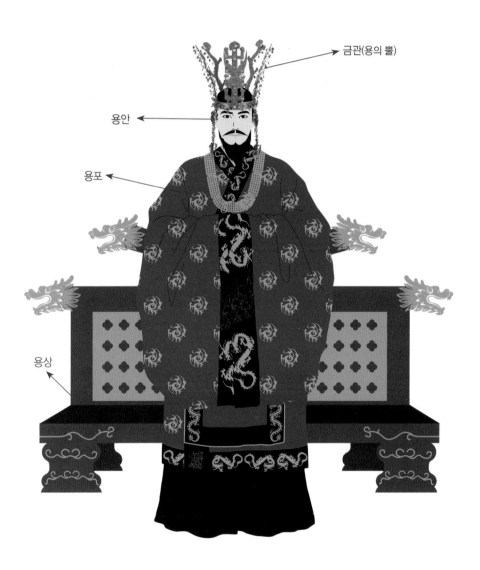

〈금관을 착용한 신라왕〉

금관(용의 뿔)

용안

용포

용상

옥룡이 변화하여 곡옥이 되었지만, 그 의미는 계속되어서 신라 금관의 세움 장식에 매달려 있는 곡옥들은 수많은 용을 의미하며 넘볼 수 없는 절대왕권의 신성함과 위엄을 나타낸다.

신라인들이 생각한 만물의 제왕인 용은 홍산문화, 고조선시대를 거쳐 뿌리 깊게 통치자의 권위와 상징을 표현하는 수단으로 사용되었고 감히 넘볼 수 없는 절대권력의 신성한 존재였다. 따라서 용이 되고 싶은 왕은 용의 뿔을 머리에 금관으로 장식하여 용처럼 권위를 과시하였다. 경주 월성과 금산사에서 출토된 신라 기와에는 용의 뿔이 아예 '王'자로 표현돼 있다. '왕은 용'이고 '용이 바로 왕'이며 '신라 금관은 용의 신체에서 가장 중요한 뿔을 상징화한 것'으로 바로 왕권을 상징한 것이다. 사진132, 사진133

(3) 금관에 달린 달개 장식

삼국시대 금관의 세움 장식에는 고구려, 백제, 신라, 가야를 아울러 달개 장식이 거의 공통적으로 매달려 있다. 달개 장식의 사용처는 금관뿐만 아니라 거의 모든 금속 장신구에 해당된다. 따라서 달개 장식이 '나뭇잎' 같은 특별한 상징적 의미는 없으며 해당 장신구의 화려함을 배가시키는 기능적 수단에 부합된다고 볼 수 있다. 즉, 달개 장식을 매달아서 빛의 산란효과를 얻어 장신구가 더 화려하고 반짝이게 하는 역할을 위한 것이다.

삼국시대의 유물에는 금관뿐만 아니라 여러 종류의 유물에서도 달개 장식의 사용을 볼 수 있다. 백제 금동절풍(공주 수촌리 출토), 서봉총 금관의 봉황장식, 고구려 금동천마 장식(마선묘구2100 출토), 금제관장식(천마총 출토), 금제곡옥(도쿄박물관), 금동천마 장식(황남대총 출토), 금동관장식(도쿄박물관), 금제허리띠 부분(무령왕릉 출토), 신라 금은제굽다리잔, 가야 금동제관모(도쿄박물관), 금동제팔뚝가리개(도쿄박물관)에 달린 달개 장식은 모두 빛이 반사되도록 기능적인 역할을 하며 화려함을 요구하는 다양한 종류의 유물에 적용되고 있다. 사진134

이 밖에도 금동신발이나 금동마구 등 여러 유물에서 달개 장식을 볼 수 있다. 이

사진134 달개 장식이 달린 유물들

사진135 금제달개장식(황남대총 출토)

런 상황은 신라 금관에 매달려 있는 달개 장식은 나뭇잎을 표현한 것이 아니고 금관의 화려한 시각적 효과를 위하여 빛을 발하기 위한 수단인 기능적인 장식임을 알 수 있게 한다.

(4) 신라 금관의 내관 장식(龍角冠)

새의 날개를 형상화 한 鳥翼冠으로 알려지기도 했던 금관 장식으로 내관(절풍)의 앞부분에 꽂아서 금관의 화려함을 배가시키는 기능을 하였던 장식이다.

용을 형상화한 신라 금관에 새의 날개는 그 의미가 부합되지 않고 그동안 조익관으로 알려진 것도 충분한 근거 없이 생김새만 추정하여 설정한 것이다. 이 관장식은 용의 뿔을 나타낸 것으로 보아야 한다. 즉, 龍角冠이다. 이것 또한 현존하는 신라시대의 유물로 증명할 수 있는데 아래 사진의 유물에서 확인된다. 사진136

황남대총에서 출토된 금제관장식(용각관)과 보문사지 출토 사래기와에 있는 용의 뿔을 비교하고, 천마총 출토 금제관장식과 용면사래기와, 황오동 출토 은제관장식과 신라 사래기와, 이사지왕릉 출토 금제관장식과 안압지 출토 사래기와의 용뿔을 비교

사진136 용각관과 사래기와 용뿔의 비교

사진137 은제내관과 금동내관장식(용각관)

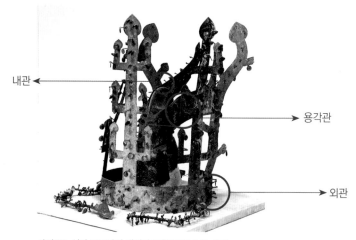

내관

용각관

외관

사진138 신라 금동관의 내외관 조합(양산 부부총 출토)

사진139 천마총 용각관과 신라도기삼족호 다리부분 용의 뿔(국립중앙박물관)

文響_ ⑩ 옥향룡(玉龍)과 곱은옥(曲玉)

은 玉龍이었다 … " '홍산문화'의 주체가 우리 민족임을 밝혀주는 증거"

김대환 문화재평론가

그동안 曲玉의 의미가 불씨의 모습을 형상시킨 것으로 잘못 해석돼 본래의 의미(龍의 형상화)에 큰 혼란을 주었으나 점진적으로 수정되고 있다. 초음과 기계가 앞선 과거에 태아의 모습을 어떻게 알 수 있었을까. 다분히 현대적인 시점에서의 분석이었다. 곡옥이 태아라면 母子曲玉(사진⑥)을 설명하는 더욱 곤란해진다. 이를테면 어미 배속에서 아기 자녀 태아를 또 임신한 것일까. 母子곡옥은 어미와 새끼의 조합을 나타낸다고 보는 것이 더 타당하다. 아울러 曲玉을 龍을 형상화시킨 증거가 되는 유물도 많이 남아있고 가장 대표적인 사례는 일제강점기 슬릭塚에서 출토된 금관 드래곤장식 곱은옥의 金銅龍頭曲玉(사진⑧)과 금하리띠장식의 金銅龍頭曲玉(사진⑨), ⑥-1)이다. 홍산문화의 玉龍頭처럼 용의 머리를 사실적으로 조각한 龍頭曲玉이다. 곡옥의 머리 부분에 숲으로 龍의 머리를 조각해 씌웠다. 신석기시대에 사진⑨ 삼국시대까지 수천년을 이어 내려온 증거이고 우리 민족이 홍산문화의 주체임을 각인해 주는 유물이다. 또한, 홍산문화 후기 옥룡의 용머리부분 사진⑨)과 5세기 신라 식리총에서 출토된 청동초두(사진⑪)의 손잡이 끝 용머리 부분(사진⑪-1)이나 원주 법천리에서 출토된 청동초두(사진⑪)의 손잡이 끝 용머리(사진⑪-1)을 비교 하면, 유물의 제작된 시기가 수천년이나 차이가 나지 만 龍의 형상이 거의 같은 것이 확인된다.

중국 연구자들은 홍산문화의 뿌리는 遼의 주변 구석기시대 유적(15만년전)과 연결되고 요양지방 청동기문화의 뿌리는 홍산문화에 있다고 주장한다. 紅山文化 末期 거주지에서 靑銅器範范(거푸집)과 靑銅器가 출토되

기 때문이다. 이 論爭는 청동기문화의 북방 전래설을 일축하고 자체적으로 청동기문화가 발생했다는 중요한 의미를 갖는다. 바로 이 청동기문화가 紀元前 2300년의 夏家店下層文化로 古朝鮮의 뿌리다.

그러면 7천 여년 전부터 人類가 거주해온 한반도는 어떨까, 전국 구석기문화, 신석기문화, 청동기문화, 철기문화권의 유적 유물이 一體的으로 자리하고 있다. 이를 근거로 각 시대별로 유적과 유물을 연결해 우리 문화의 自體性을 주장하는 연구자는 거의 없다.

한반도 최초의 玉龍(사진⑪)이 출토된 경기도 파주 주월리 역시 구석기유적지와 신석기유적지가 혼재하고 있지만 두 문화의 관련성을 찾는 연구자는 보지 못했다. 그 동안 각 시대별로 문화를 단절시켜 우리 문화를 外來文化의 산상인 것처럼 만들었던 植民史觀의 틀을 아직도 벗어나지 못하고 있다. 오히려 중국 연구자들은 홍산문화를 틀 연구하는 과정에서 우리 문화의 연속성과 청동기문화의 자체발생설을 밝혀놓는 결과를 얻게 된 것이다.

인류 최초의 紅山文化는 한반도와 요하지역, 내몽골을 포함한 광범위한 領域으로 청동기문화의 발생지이며 古朝鮮의 뿌리다. 대표적인 유물이 玉器이다. 현재는 世界的으로 그 값을 알 수 없게 해졌다. 지금처럼 植民史觀을 탈피하지 못한 채 중국의 古土를 십여년간 직접 답사하면서 유적과 유물을 實見하고 연구해 홍산문화의 玉龍과 우리 민족의 曲玉에 대한 작은 결론을 얻었다.

경기도박물관의 考古실에 조용히 놓여있는 도 수천년을 간직한 韓民族의 무궁무진한 이야기가 보따리를 소중히 간직하고 있다. 유물의 중요성에 비해 너무도 간단한 설명이 못내 아쉽다(사진⑪) 이 유물속의 수많은 사연을 풀어 놓는 작업은 후손들의 몫이다.

는 우리 민족이다. 황하와 양자강유역의 華夏族(漢族)문화와 홍산문화는 공통점이 거의 없는 별개의 문화이지만 중국은 홍산문화를 동북공정의 사업에 입각해 '중화의 시조마을', '요하문명론' 등으로 漢族文化에 귀속시켰다.

홍산문화의 가장 대표적인 유물은 玉器(사진⑪~④)과 옥귀걸이(사진⑪, ⑪-1)다. 홍산문화 옥귀걸이와 동일한 옥귀걸이는 강원도 문암리, 충북도 휴암리, 여수 안도패총 등 한반도 전역에서 출토됐지만 이와 중요한 玉器는 출토되지 않았다. 그러나 경기도박물관의 考古실에는 한반도에서 출토된 최초의 玉龍이 전시돼 있다(사진⑪). 경기도 파주 주월리 신석기유적지에서 출토된 이 옥룡은 홍산문화의 옥룡(사진⑪~④)들과 일맥상통하며 홍산문화의 주체는 우리 민족임을 알려준다.

무심하게 지나칠 수 있는 작은 유물의 의미가 너무도 중요하다. 인류문명 시발점의 主體에 우리 민족이 있다는 것이다. 한반도에서는 옥룡과 옥귀걸이 외에도 대롱옥, 사다리꼴 특급이장식, 청형의 옥장식 등 홍산문화의 유물과 같은 계통의 신석기시대 유물도 출토되고 있다.

홍산문화의 핵심적인 유물은 玉龍은 어떻게 龍으로 변모했나, 중국측의 실증유물로 설명할 방법이 없다. 그 맥이 끊어졌는 것이고 이것은 에담초 홍산문화가 漢族文化가 아니라는 것을 반증한다. 우리나라는 玉龍이 신석기시대(사진⑪), 청동기시대(사진⑪~③-1), 철기시대(사진④~④-1, 삼국시대(사진⑪~④)까지 수천년동안 꾸준히 제작되고 진화하는 발전했다. 신석기시대의 龍이 삼국시대까지 곱은옥(曲玉)으로 형상화 되고 널리 제작 됐다. 즉, 曲玉이 玉龍인 것이다.

곱은옥을 휘어 잘 다듬어진 玉器들이다(사진⑦). 우리나라 古代 遺物 중에서 중요한 위치를 차지하고 출토되는 수량도 많으며 材質은 옥, 비취, 유리, 돌, 금, 토기, 뼈, 수정 등으로 매우 다양하다. 통칭해 玉으로 분류된다. 대부분 목걸이나 팔찌, 술잔, 허리띠 등의 장신구 부속품으로 절대 권력자의 권위를 상징하고 크기도 다양하다.

그 신석기시대는 황하유역의 仰韶文化, 양자강유역의 河姆渡文化를 중심으로 지역에 따라서 기원과 특징이 다른 문화가 동시대발적으로 발생했다. 이 文化들 이후, 그동안 4대 문명 발상지이며 漢族文化로 대표돼오던 華夏族의 황하문명 발생론을 접고 내몽의 '紅山文化'를 中華文化의 남상으로 새롭게 주장하는 文化는 에소포타미아문명이나 황하문명보다 1천년 이상 앞선다며 세계 最古의 문명으로 人類文明의 시발점임을 내세운다.

그 중심지는 현대의 中國 領土內에 있지만 7천 년 전에 中심, 홍산문화의 主體가 과연 지금의 漢族인가, 현대의 領土로 역사를 해석하는 중국 동북공정에 입각해 부여하고, 고구려, 발해는 물론이고 선사시대의 홍산문화 以外로 되버려져 있다. 모두다 현대의 中國 領土 안에 있어 예를 들어서, 현대 스페인의 영토 안에 있는 로마시대 스페인의 유적이 되고 로마제국도 스페인의 역사라고 주장하는 것과 같은 이치다. 이렇게 불합리한 중국 동북공정의 虛點만이 인정된다.

중기 구석기시대부터 인류가 생활해온 한반도는 온 山河에 舊石器遺物이 산재해 있으며 新舊石器遺物 또한 전국적으로 분포된 상황에서 우리나라 古土 신석기시대를 산발적인 소집단으로 간주의 내각해 올 것이지 아니면 우리도 신석기문명권을 논거 찾는지 확인할 필요가 있다. 그러면 한반도의 신석기 문명권이, 바로 割山文化인가 답을 구하는 이상. 紅山文化는 현재 남아있는 유적과 유물로 입증된다. 즐문토기(김금에 의하면 '빛살뭇기기), 암각화, 積石塚, 玉龍, 結晶립類 둥의 많은 遺物이 한반도의 신석기유물과 홍산문화의 유물로 일치한다. 홍산문화는 내몽골의 강가, 요하지역, 발해만, 그 거대한 문명체로 주체는 東夷族이며 동이족의 주체

① 옥룡

②-2. 홍산문화 옥룡

②-2.홍산문화 옥룡

②-4.홍산문화 옥룡

③ 부여 연화리 출토 곡옥

③-1. 부여 송국리 출토 곡옥

④ 부여 연화리 출토 곡옥

④-1.김해 대성동 출토 수정곡옥

⑤ 옥룡

⑤ 황남대총 출토 곡옥

⑥ 모자곡옥

⑤-1. 금관총 허리띠장식 곡옥삽도

⑥ 금관총 허리띠장식 곡옥

홍산문화 옥룡 머리부

⑩ 신라 식리총 출토 초두용 머리

⑨ 신라 식리총 출토 초두

⑪-원주법천리 출토 초두용머리

⑪ 원주 법천리 출토 초두

⑩-1.강원도 문암리 출토 옥 귀걸이

⑫ 경기도박물관 해설

해보면 관장식이 용의 뿔을 표현한 것임을 알 수 있다. 사진136

용각관龍角冠은 금관의 내관 앞부분에 꽂아서 화려함과 위엄을 나타내는 기능으로 내관을 금속으로 제작한 경우에 사용된 것으로 추정되며 내관의 앞 모서리에 맞춰서 접혀 있다. 사진137

일제강점기 경주에서 출토된 양산 부부총의 금동관은 외관과 내관인 절풍과 용각관이 완벽하게 갖춰진 사례로서 신라 금관의 완벽한 조합이 확인된다. 사진138

2) 신라 금관의 변천 및 용도

신라 금관은 약 400여 년에 걸쳐서 변모하였다.

고구려에서 수입되었거나 영향을 받은 경북 의성 출토 금동관과 황남대총 출토 은관을 제외하면 신라 금관은 세움 장식의 변화에 따라 초기, 중기, 후기로 구분할 수 있다.

초기에는 세움 장식이 Y자형으로 교동 출토 금관이나 호림박물관 소장 금관, 부산 복천동 출토 금동관과 같은 형식이고, 중기에는 세움 장식이 出자형으로 90도 직립한 것과 120도 정도 벌어진 과도기적인 것(리움 소장 금동관, 임당동 출토 금동관)이 있으며, 후기에는 세움 장식이 出자를 기본으로 한 복잡한 형태(단양 하리 출토 동관, 변종하 기증 금동관, 이홍근 기증 금동관, 리움 소장 금동관)로 전개되거나 아예 세움 장식이 생략되기도 한다.

"신라 금관은 실제 사용한 것인가 아니면 부장용인가"라는 물음에 대한 해답은 금관에 담겨 있다. 즉, 신라 금관의 용도를 정확히 파악하려면 금관의 제작기법과 사용 흔적을 면밀히 조사해야 한다. 금관이 부장용이라고 주장하는 가장 큰 논리는 금관의 출토 위치가 피장자의 머리 부근이 아니고 가슴 부위에서 출토되어서 일종의 데드마스크로 단정하는 것이다. 그러나 이런 주장은 적석목곽봉토무덤인 신라 무덤의 특징을 간과한 결과다. 무덤이 축조되고 세월이 흐르면서 수백 년이 지나면 무덤 속

《신라 금관의 변천(4세기~7세기)》

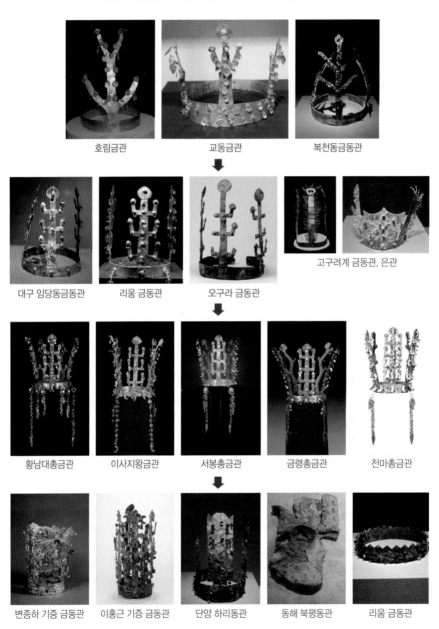

호림금관　　　　　교동금관　　　　　복천동금동관

대구 임당동금동관　리움 금동관　　오구라 금동관　　고구려계 금동관, 은관

황남대총금관　이사지왕금관　서봉총금관　금령총금관　천마총금관

변종하 기증 금동관　이홍근 기증 금동관　단양 하리동관　동해 북평동관　리움 금동관

사진140 황남대총금관과 천마총금관의 세움 장식 절단면을 다듬은 상태(뒷면)

의 목곽이 썩어서 무너져 내린다. 그리고 목곽 위의 돌들도 일부 같이 무너지면 피장자의 부장품은 원래의 위치를 보장받을 수 없는 것은 당연한 이치다. 그리고 그 이전에 피장자의 시신이 훼손되면서 1차적인 유물 위치의 변동이 생길 가능성이 크다.

금관이 실제 사용한 것인지 부장용인지에 대한 답은 금관 자체에 있는데 제작기법과 사용한 흔적을 찾는 것이 가장 정확한 해법이다.

제작기법에서 살펴보면, 금판을 자른 금관 테나 세움 장식의 자른 단면이 날카로워서 금관을 사용할 때 손을 베일 염려가 있기 때문에 자른 단면을 정성스럽고 곱게 갈아서 매끄럽게 다듬었다. 단순 부장용이라면 필요 없는 공정이다. 사진140

세움 장식의 出자형 가지를 보면 맨 아랫단의 가지가 제일 굵고 크며 2단, 3단으로 올라갈수록 작아진다. 세움 장식을 세우기 위한 방법으로 금관의 실제 사용을 고려한 사항이며, 세움 장식에 매달려 있는 곡옥의 크기도 맨 위에는 작은 것을 달고 아래로 내려갈수록 큰 것을 달았다. 이것 역시 실제 사용하기 위하여 세움 장식을 세우는 방법이다.

신라 금관이 단순 부장용이라면 세움 장식을 굳이 세울 필요가 없기 때문에 같은 크기의 곡옥을 매달아도 되었을 것이고 세움 장식의 가지도 굳이 크기를 다르게

사진141 천마총금관(좌)과 황남대총금관(우)의 세움 장식

사진142 황남대총금관과 천마총금관의 세움 장식 절단면을 다듬은 상태(뒷면)

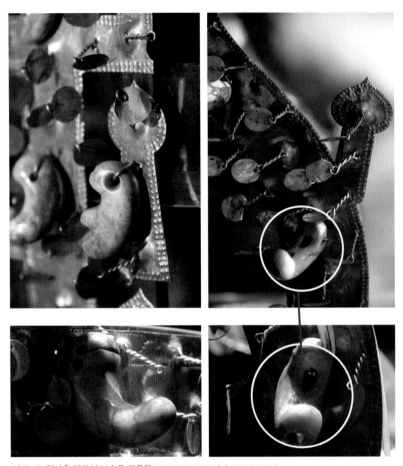

사진143 천마총 금관의 보수용 곡옥들(목걸이에 달았던 곡옥을 금관에 달았다)

할 필요가 없기 때문이다. 다만, 동관이나 금동관은 금관보다 단단한 금속의 성질이 기에 굳이 번거롭게 세움 가지의 크기를 다르게 할 필요가 없었다. 사진141

　　금관에는 실생활에 사용한 흔적이 여러 군데 확인되는데, 매달려 있는 곡옥이 사용 도중에 떨어져서 새로 붙인 경우 기존의 곡옥과 재질과 모양이 다른 것도 있고 달개 장식이 떨어져서 구멍만 남은 경우도 있다. 애당초 금관에 매달 용도가 아닌 곡옥

을 떨어져 나간 곡옥 대신으로 달았다. 사진142

천마총 금관에는 세움 장식에 달린 곡옥 중에 모자 곡옥 한 점이 난데없이 달려 있거나 구멍이 세로로 뚫린 특이한 곡옥도 달려 있다. 관테에는 구멍이 두 개 뚫린 곡옥도 달려 있고(목걸이용 곡옥) 기존 곡옥들과 구멍의 크기도 현저하게 차이가 난다. 이런 현상은 곡옥을 재활용한 증거로 볼 수 있으며 실생활에 사용하다가 떨어져 나간 곡옥을 대신하여 다른 곳에 사용했던 여분의 곡옥을 재활용한 것으로 보인다. 사진143

미성년의 금관으로 추정되는 경주 교동 출토 금관은 금관 뒷부분의 관테 양쪽에 금관을 덧대어서 금관의 크기를 늘렸다. 성장 속도가 빠른 미성년자의 금관이 작아지면서 금관 테를 보수해서 재사용한 것이다. 처음 제작할 때부터 이어 붙인 것이라면 관테에 구멍 3개를 뚫고서 2개만 연결하여 붙였을 확률은 적고 관테 이음의 구멍이 본래 3개였는데 관테를 늘리면서 가장자리 2개의 구멍만 사용하여 연결한 것이다. 사진144

일본 국립도쿄박물관에 소장된 금동관장식(용각관)은 금관을 실제로 사용한 확실한 증거 자료다. 신라인들이 이 용각관을 사용하다가 균열이 발생하자 금속 조각을 덧붙여서 때운 것이다. 부장용이라면 이런 현상은 절대 있을 수 없기 때문이다. 사진145

대구 달성37호 무덤에서 출토된 2점의 금동관을 보면 서로 다른 시기에 제작된 금관이 한 무덤에서 출토되어 동일한 사람이 사용한 것임을 확인할 수 있다. 제작 연대가 다른 금동관을 동시에 제작하여 부장한다는 것은 상식적으로도 있을 수 없는 일이기 때문에 피장자의 실제 사용하던 금동관을 부장한 것이 틀림없다. 사진146

살펴본 바와 같이 신라 금관은 제례나 의례용으로 실제 사용하려고 제작하였으며 사용 중에 여러 번 보수한 흔적을 유물에서 확인할 수 있었다. 따라서 신라 금관은 단순 부장용 장신구가 아니라 실생활에 신라인들과 호흡을 함께한 살아있는 문화의 유물로서 신라인들의 찬란한 금관 문화를 환하게 밝혀주고 있다.

신라시대 금광에 대한 기록은 문헌이나 금석문에서도 찾아보기 어렵다. 과연 신라인들은 그 많은 금을 어디에서 조달했을까?

우리나라의 금광은 대부분 한반도의 서북쪽이나 함경도 지방에 위치한다. 과거

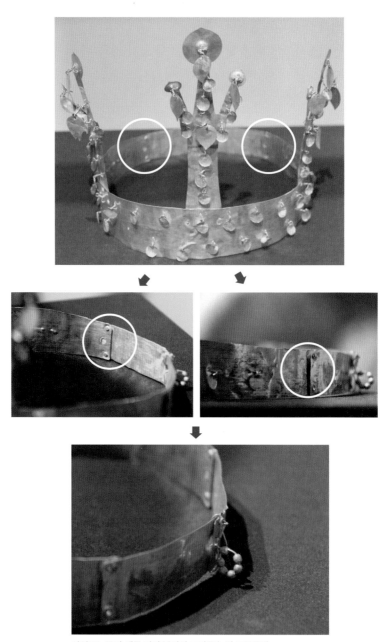

사진144 금관 테를 이어 붙여서 크기를 늘린 교동금관

사진145 신라인이 보수한 금동관장식(용각관)

사진146 대구 달성 37호무덤 출토 금동관

신라 영역인 경상도 지역에는 최근까지도 금광이 존재하지 않았다. 흥미로운 것은 위덕대학교 박홍국 교수의 '신라인들의 사금 채취설'이다. 경주 지역의 하천에서 1인당 하루에 채취 가능한 사금의 량을 대략 0.5g으로 가정하면 금관(800~900g) 1개를 만들때 180여 명이 10일 동안 채취하면 된다. 왕실을 위한 국가적인 일이라면 그리 어려운 작

사진147 대한제국시대 사금 채취(좌)와 경주 월성 남천에서 채취한 구상사금(우)

업은 아니다.

일반적으로 사금의 순도는 매우 높은 편으로 대략 순도 20k정도로 볼 수 있기 때문에 금광석처럼 특별한 제련 과정이 없어도 쉽게 제련할 수 있는 장점이 있다. 신라인들은 고대사회에서 가장 용이한 방법으로 채취하고 제련하여 금 제품을 가공한 것으로 추정된다. 한편, 최근에 신라 왕궁의 근처인 경주 반월성의 남천에서 희귀한 구상사금(구슬모양 사금)이 발견되어 신라인들의 사금 채취에 대한 신뢰도를 한층 높여주고 있다. 사진147

종합해 보면, 경주 지역의 작고 큰 하천에서 다량 채취가 가능한 사금으로 상류층의 화려한 금장신구들을 제작했을 가능성이 높으며, 외국과 교역에 의한 왕실의 금 거래도 이루어졌을 것으로 보인다.

3) 신라 금관의 종류

현존하는 신라의 금관은 모두 7점이다. 경주 교동에서 출토된 교동금관과 호림박물관에 소장된 호림금관은 초기 신라 금관을 연구하는 데 중요한 자료이며 세움 장식이 Y자 형이다. 나머지 5점은 세움 장식이 出자형으로 황남대총금관, 이사지왕금관 (금관총), 서봉총금관, 금령총금관, 천마총금관이다.

세움 장식이 Y자형과 出자형의 과도기 형태인 임당동금동관, 리움 금동관, 오구라 금동관 형식의 세움 장식을 갖춘 금관은 아직 발견되지 않았으나 출토된 금동관의 세움 장식을 대체하여 신라 금관의 변천 과정이나 종류를 유추할 수 있다.

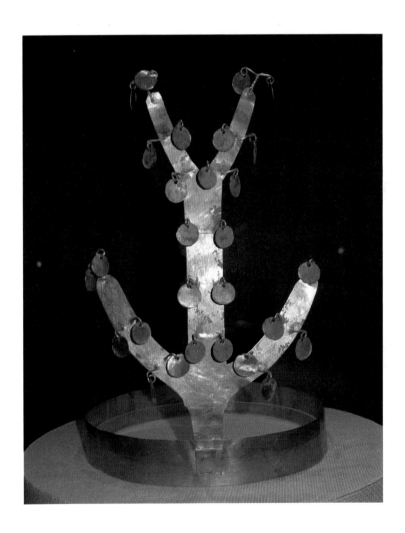

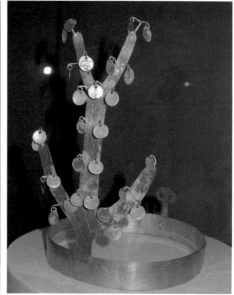

사진148 금관의 우측면과 좌측면

(1) 호림금관

　　삼성미술관 리움과 호림박물관은 우리나라 사립 박물관의 양대 축을 이루고 있다. 국가문화재로 지정된 유물이 수십 점에 이르며 우리나라의 문화유산을 보호하고 흩어진 유물들을 수집하여 체계적인 학술의 장으로 편입시킨 공로가 크다. 국가가 해야 할 일을 개인 단체에서 경비와 노력을 들여 대신하고 있다고 볼 수 있다.

　　이 금관은 우리나라 금관의 연구에 매우 중요한 의미를 지닌 보배로운 문화재다. 교동금관과 함께 신라 금관의 초기 형태를 밝혀주고 금관 제작기법의 중요한 측면을 다양하게 내포하고 있기 때문이며, 기존 신라 금관 제작기법의 방법과는 또 다른 형식으로 신라 금관의 전개 과정을 알려주는 열쇠의 역할을 하기 때문이다.

　　이 금관은 달개 장식의 이음 방법, 세움 장식의 고정 방법, 금관 뒷부분의 특이한 세움 장식, 관테의 넓이 등이 이미 알려진 신라 금관과 다르며 신라 초기 금관인 경주

사진149 뒷면의 세움 장식(좌)과 의성 탑리 금동관의 세움 장식(우)

교동 출토 금관과의 비교연구를 통하여 신라 금관의 발전 과정을 밝히는 데 중요한 자료가 된다. 사진148

필자는 논문(김대환, 2014년, 「삼국시대 금관의 재조명」, 동아세아 역사문화논총)에서 신라 금관 세움 장식(Y자형, 出자형)의 의미에 새로운 학설을 제기하였다.("신라금관의 세움 장식은 나뭇가지와 사슴 뿔이 아닌, 정면과 측면에서 바라본 용의 뿔(龍角)을 형상화한 것으로 절대왕권의 위엄을 과시하기 위한 것이었다.")

그 증거 유물로는 양양 진전사지에서 출토된 금동용두, 백제 무령왕릉의 허리띠 장식, 경주 월성 해자 출토 신라 용면판와, 경주 사천왕사지 출토 신라 용면판와당 등이 있으며, 용의 뿔이 모두 한곳에서 나오는 외뿔이고 Y자형으로 벌어진 것을 볼 수 있다.

따라서 초기 Y자형의 세움 장식에서 出자형의 변모하는 신라 금관의 세움 장식은 용의 뿔을 형상화시킨 것이라는 결론을 내릴 수 있다. 사진150

호림박물관이 소장한 신라 금관은(이하 '호림 금관') 용의 뿔을 평면에서 본 형상으

사진150 出자(위), Y자(아래) 형상의 용의 뿔(龍角)

로 경주 교동 출토 금관(5세기 전반)보다도 더 古式이다. 턱이진 Y자형의 세움 장식은 금관 테를 수평으로 두 줄을 잘라 끼워서 교동 출토 금관(금못 고정)보다는 더 오래된 것으로 보이며 금관 테에는 달개 장식을 달지 않아 깔끔하다. 사진151

　　금관 테나 세움 장식의 가장자리에는 교동 출토 금관처럼 打點列文이 없으며 뿔의 끝부분은 몽오리도 생성되지 않았고 단순하다. 교동 출토 금관은 1단이고 3개의 세움 장식이 있는데 호림 금관은 2개의 세움 장식으로 앞면에 2단의 뿔을 형상화한 것과 머리 뒷부분의 결구에 작은 세움 장식(처음 뿔이 생성되는 뿔의 몽오리 모습을 형상화 시킨 것으로 보임)을 달았다. 사진149

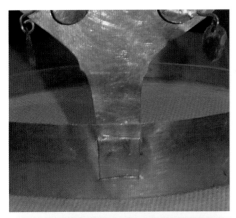

사진151 앞 세움 장식(위)과 뒷 세움 장식(아래)의 고정 방법

달개 장식을 연결한 금사는 다른 금관의 금사보다 두 배 정도 굵어서 몸통과 달개를 관통하여 한 번만 오므렸으며, 네 곳의 뿔 끝부분에 있는 달개는 세움 장식을 통과하여 꼬았다. 달개 장식은 한 쌍씩 30개가 달려 있던 것으로 보이고 2개는 유실되어 28개가 남아 있다. 달개 장식의 이음 방식은 황남대총 남분에서 출토된 금제용각관과 천마총에서 출토된 금제용각관과 비슷하지만 이보다 선행하는 방식이고 한 줄의 금사에 달개 장식을 두 개씩 매다는 특이성을 보인다. 사진152

이 금관은 순도 20k정도의 금판을 제작하여 금관 테와 세움 장식을 오려낸 후, 절단면도 곱게 갈아서 마감 처리를 매끄럽게 하였다. 금관 뒷부분의 이음 부분은 세로로 구멍을 두 개 내고 작은 세움 장식을 덧대어 금사로 이어 붙였는데 세로로 구멍을 내어 금사로 묶는 이음 방식은 고구려 금관, 가야 금관, 신라 금관에서 고루 나타난다. 사진153

세움 장식의 끝부분을 U자 형태로 완만하게 만든 것은 가장 실제와 근접한 뿔의 모양으로, 좀 더 진화하면 끝부분이 몽오리처럼 둥글게 변화된다.

이 호림금관은 교동 출토 금관, 부산 복천동 출토 금동관과 더불어 초기 신라 금관의 기원을 밝힐 수 있는 중요한 문화재이며 가장 이른 시기에 제작된 신라 금관으로 추정된다. 그럼에도 불구하고 어떤 전공자는 '실견조사實見調査'도 없이 저급한 감

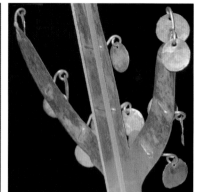

사진152 달개장식의 부착면 (앞면과 뒷면)

식안으로 호림금관의 진위 여부가 불투명하다고 대중에게 무책임한 발언을 일삼으며 문화재를 흠집 내고 있다. 심각한 문제는 그런 사람이 국민의 세금으로 운영되는 문화재 관련 공기관에 간부직원으로 소속되어 있다는 것이다. 점입가경으로 그는 박선희 상명대교수가 논문 발표(박선희, 2011년, 「신라 금관에 선행한 고구려 금관의 발전 양상과 금관의 주체」, 『백산학보』)한 고구려 금관사진14도 역시 '유물의 실견實見'도 없이 가짜라고 무책임한 발언을 대중에게 하고 다닌다. 중국의 동북공정에 편승하는 논리로 "고구려에는 금동관金銅冠만 있고 금관金冠은 없다"라는 것이다.

어느 전공자이든 자신과 다른 의견을 주장할 수 있고 비판할 수 있다. 그러나 유물의 진위를 말할 때는 반드시 '유물의 실견實見'이 선행되어야 하고, 실견도 하지 못한 유물에 대해 경박하게 대중에게 진위를 운운하는 것은 공직자의 품위를 손상시키는 행위이며 문화재를 대하는 기본적인 예의조차도 모르는 무지한 행동이다.

진정한 학자는 말보다 글로써 자기주장과 논리를 펴야 한다. 물론 그가 학자는 아니지만, 문화재 관련 공기관에 소속된 공직자로서 새로운 문화재를 찾아내어 바르게 연구하고 보호하고 국민에게 알리지는 못할망정 오히려 문화재 흠집 내기에 앞장서고 있다. 더이상 중요한 문화재를 흠집 내는 행동은 삼가해야 하고 처신을 신중히

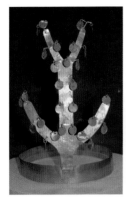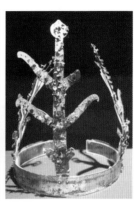

사진153 1단, 2단, 3단의 Y자형 금관 (호림금관, 교동금관, 복천동금동관)

해야 한다. 당사자는 이견이 있으면 논문으로 발표하면 될 것이기 때문이다.

　1,600여 년을 온갖 우여곡절 속에서도 잘 버텨온 국보급 문화재를 경박한 전공자 한 명이 가짜로 전락시킬 수 없는 것은 너무도 당연하다. 우리 민족의 자부심과 역사의 진리가 선조의 유물 속에 항상 내재하기 때문이다.

(2) 교동금관(전 경주 교동 출토)

　이 교동금관은 1972년에 관계당국에 출토 신고되어 정밀 조사가 이뤄진 것으로서 이른 시기에 제작된 초기 신라 금관이다. 경주시 교동 68번지의 한 고가 축대 밑에서 출토된 후 3년 만에 신고되어 알려진 금관으로 당시 언론에서도 대서특필하였다.

　경주시 교동의 한 고가가 신라 고분 위에 자리 잡은 사실을 인지한 도굴범이 1967년부터 그 집의 별채를 월세로 내어 살면서 1969년부터 3년 동안 금관을 비롯한 부속유물들을 도굴하여 판매하던 것을 압수하여 국가에 귀속한 유물이다.

　월세를 들어 살던 최모 씨는 집세 대신 무너진 축대를 보수해주는 조건으로 공사를 하던 중에 담장 밑에서 계속 나오는 강돌을 보고 고분으로 확신하여 도굴을 시작하였다. 축대를 계속 파고 들어가다가 신라시대 금동마구 한 점과 순금귀걸이 등

김대환의 文響_ 37. 신라금관의 신례 (新羅金冠의 新例)

누가 저급한 감식안으로 '호림금관'을 흠집내는가?

김대환 상명대 석좌교수 · 문화재평론가

삼성미술관 리움과 호림박물관은 우리나라 사립박물관의 양대 축을 이루고 있다. 국가문화재로 지정된 유물 수집 외에 이르며 우리나라의 문화유산을 보호하고 흩어진 유물들을 수집해 체계적인 학술의 장으로 편입시킨 공로가 크다. 국가가 해야 할 일을 개인단체에서 경비와 노력을 들여 대신하고 있다고 볼 수 있다.

현존하는 우리나라의 술탁은 모두 10점으로 고구려금관 1점(일제강점기 전 평안남도 강서군 보림면 건성리출토, 개인소장), 가야금관 2점(이건희 소장, 도쿄국립박물관 소장), 신라금관 7점(교동출토, 서봉총금관, 천마총금관, 황남대총금관, 금령총금관, 호림박물관 금관)이다. 백제의 금관은 아직 알려진 유물이 없으나 일제강점기에 나주 신촌리에서 출토된 완벽한 형태의 金銅冠(사진 ⑤)으로 미뤄보아 백제금관의 존재가능성도 크다. 현존하는 금관이 없다고 하여 백제인들이 금관을 만들지 못했다고 생각하는 것은 무리가 있다. 신라 무덤과는 다르게 고구려와 백제의 무덤은 石室이 쉽게 노출되어 구조이기 때문에 1천400여 년 전에 제작된 극소수의 금관이 도굴당하지 않고 현재까지 남아있을 확률은 매우 낮다.

사진 ①②③은 호림박물관에 소장된 신라금관이다. 이 금관은 우리나라 금관의 연구에 매우 중요한 의미를 지닌 보배로운 문화재다. 신라금관의 초기 형태를 밝혀주고 금관제작기법의 중요한 측면을 다양하게 내포하고 있으며, 기존 신라금관 제작기법의 방법과는 또 다른 형식으로 신라금관의 전개과정을 알려주는 열쇠의 역할을 하고 있기 때문이다. 이 금관은 달개장식의 이음방식, 金冠臺의 고정방법, 뒷부분의 특이한 세움장식 등으로 이제껏 알려진 신라 초기금관인 경주 교동출토 금관(사진 ④)과의 비교연구를 통하여 신라금관의 새로운 답을 찾을 수 있다.

필자는 논문(『삼국시대 금관의 재조명』, 『동아세아 역사문화논총』, 2014)에서 신라금관 세움장식(Y字形, 出字形)의 의미에 새로운 학설을 제기한다. "신라금관의 세움장식은 나뭇가지가 아닌 정면에서 바라본 용의 뿔(龍角)을 형상화한 것으로 절대왕권의 위엄을 과시하기 위한 것이라는", 그 증거 유물로는 양양 진전사지에서 출토된 金銅龍頭(사진 ⑤), 안압지에서 출토된 金銅龍頭(사진 ⑥), 고구려의 용(사진 ⑨)등이 있으며, 龍의 뿔이 모두 외뿔이고 Y字形으로 뻗어진 것을 볼 수 있다. 아울러 초기 Y字形의 세움장식에서 出字形의 세움장식으로 變形되는 신라금관의 세움장식은 정면에서 바라본 용의 뿔(龍角)을 형상화시킨 것이라는 결론을 내릴 수 있었다.

호림박물관이 소장한 신라금관은(이하 '蒲林金冠') 용의 뿔(龍角)을 정면에서 본 형상으로 경주 교동출토 금관(5세기전반)보다도 더 古式이다. Y字形태의 세움장식은 금관테를 수평으로 두 줄을 잘라 끼워서 교동출토(리벳고정)보다는 더 오래된 것으로 보이며 금관테에는 달개장식을 달지 않아 달음하기 금관테나 세움장식의 가장자리에는 교동출토 금관처럼 打點列이 없으며 뿔의 끝부분 2개의 세움장식이 있는데 蒲林金冠은 2개의 세움장식으로 앞으로 2개의 뿔을 형상화시킨 세움장식과 머리 뒷부분의 결주에 작은 세움장식(처음 뿔이 생성되는 뿔의 몽우리 모습을 형상화시킨 것으로 보임)을 닮아 다시닮고 닮았다. 달개장식을 연결하는 金絲는 다른 금관의 金絲보다 두 배정도 굵어서 몸통과 달개를 관통해 생면 연결되는 것이 아니라 한 쌍씩 30개가 달려있으로 보는 金絲에 고리 2개는 유실돼 28개가 남아있다. 달개장식의 이음방식은 黃南大塚과 남분에서 출토된 金銅彫刻鈴飾(보물 제30호)과 천마총에서 출토된 金銅彫刻鈴飾(보물 제617호)과 비슷하지만 이보다 선행되는 방식이고 한 줄의 金絲에 달개장식을 두 개씩 매다는 특이한 방식을 보인다(사진 ⑪).

20K 정도의 술탁을 제작해 금관테와 세움장식을 오려서 두 절단면도 마감처리를 곱게 했다. 금관 윗부분의 이음부분은 금絲로 구멍을 두 개 내어 직은 세움장식을 밑대면 金絲로 이어 붙였는데 세로로 구멍을 내어 金絲로 묶는 이음방식은 고구려금관, 가야금관, 신라금관에 고루 나타난다.(사진 ⑫)

어떤 전공자는 '實見調査'도 없이 저급한 감식안으로 蒲林金冠의 靑靑與與가 불투명하다며 대중에게 무책임한 발언을 일삼으며 국보급 문화재를 흠집 내고 있다.

사진❷ 신라金銅龍頭(단국대박물관 소장)

이 蒲林金冠은 교동출토 금관(사진④), 부산 복천동출토 金銅冠(사진13)과 더불어 초기 신라금관의 기원을 밝힐 수 있는 국보급 문화재이며 가장 이른 시기에 제작된 최초의 신라금관으로 추정된다.

그럼에도 불구하고 어떤 전공자는 '實見調査'도 없이 저급한 감식안으로 蒲林金冠의 靑靑與與가 불투명하다며 대중에게 무책임한 발언을 일삼고 있다. 심각한 문제는 그런 사람이 국민의 세금으로 운영되는 문화재 관련 공직기관에 근무하는 공직자로 소속돼 있다는 것이다. 정의를 경으로 그는 박사인 상명대 교수가 논문으로 발표(『신라금관에 선행된 고구려금관의 발전양상과 금관의 주제』, 백산학보, 2011)한 고구려금관(사진 ⑩)도 역시 '遺物의 實見'도 없이 가짜다고 무책임한 발언을 하고 있다. 중국의 동북공정에 편승하는 논리로 "고구려에는 金銅冠만 있고 金冠은 없다"라는 것이다.

어느 전공자든 자신과 다른 의견을 주장할 수 있고 비판할 수 있다. 그러나 유물의 진위를 말할 때는 반드시 '遺物의 實見'이 선행돼야 하고 실견도 하지 못한 유물에 대해 경박하게 대중에게 靑靑與을 운운하는 것은 공자의 품위를 손상시키는 행위이며 문화재를 대하는 기본적인 예의조차도 모르는 무지한 행동이다. 진정한 학자는 말보다 글로서 자기 주장과 논리를 펴야 하는 것이다. 물론 그는 학자는 아니지만, 문화재관련 공기관에 소속된 공직자로서 새로운 문화재를 찾아내서 보존하고 국민에게 알리지는 못할망정 오히려 문화재를 흠집 내는 행동은 삼가해야한다. 더 이상 국보급 문화재를 흠집 내는 행동은 자제해야 할 것이다. 보기 민망하다.

1천600여년을 온갖 우여곡절 속에서도 잘 버텨온 국보급 문화재를 경박한 전공자 한 명이 가로로 전락시킬 수 없다. 너무도 당연하다. 우리 민족의 자부심과 역사의 진대가 선조의 유물 속에 항상 존재하기 때문이다. 당사자는 異見이 있으면 論으로 발표하면 될 것이다.

사진❸ 신라금관, 높이22cm (호림박물관 소장)

사진❹ 금관의 좌측면　사진❺ 경주 교동출토 금관　사진❻ 안압지출토,금동용두　사진❼ (이수부)

사진❽ 신라용면와당 (한독의약박물관 소장)　사진❾ 청자어룡주전자　사진❿ 금관뒤쪽의 세움장식　사진⓫ 금동관

사진⓬ 금관테와 뒷면 세움장식의 결구　사진⓭ 복천동출토 금동관　사진⓮ 고구려 불꽃무늬 금관전 평안 강서군 보림면 건성리 출토)　사진 금동관

50여 점의 유물을 몰래 캐냈다.

　최씨는 유물이 쏟아져 나오자 더 귀한 유물이 나올 것을 기대하면서 10여 일 동안 트럭까지 동원하여 돌을 파헤치고 땅속 2m 정도 파고 들어갔을 때 금관을 비롯한 650여 점의 유물을 더 도굴했다고 한다. 많은 유물을 도굴한 최씨는 도굴품 중에서 가장 중요한 금관을 조그만 단지에 넣어서 부엌의 사용하지 않는 아궁이 밑을 파고 숨겼다. 1972년에 다른 집으로 이사를 한 다음에도 같은 방법으로 부엌 아궁이 밑에 금관을 숨겼다. 사진154

　최씨는 도굴한 금관을 판매하려고 서울의 골동거상을 비롯하여 백방으로 노력하였으나 처음 보는 금관의 형태로 진위를 의심받기도 하였고 금관에 대한 소문이 무성해지면서 도굴이 탄로 날 지경에 이르자 도굴한 금관을 문화재관리국에 여러 조건으로 임의제시하게 되었다. 이로써 도굴한 지 3년만에 이른 시기에 제작된 신라 금관이 세상의 빛을 보게 되었으며 경주 교동에서 출토되어 '교동금관'이라고 불리게 된

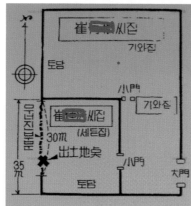

사진154 금관이 출토된 집(위)과 금관이 발견된 축대 지점

것이다. 이 교동금관의 세움 장식이 出자형인 신라 금관보다 선행하는 초기 신라 금관의 형태로 세움 장식이 Y자형이다. 이 금관과 유사한 초기 신라 금관이 호림박물관에도 소장되어 있는데 세움 장식이 2단으로 된 Y자형로 되어 있다. 사진155

교동금관 관테의 폭은 다른 금관들과는 달리 정면이 뒷면보다 1.5배 정도 넓다.(프랑스 루브르박물관에 소장되어 있는 고대 그리스 에트루리아 금관의 형식과 비슷하다.) 관테의 뒷부분은 양쪽에 금판을 이어 붙였는데 아마도 금관을 사용하는 사람의 머리가 커지

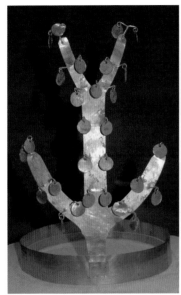

사진155 호림박물관 소장 금관(좌)과 보물 제1922호 부산 복천동 출토 금동관(우)

면서 금관의 크기를 늘릴 필요성이 생겨 보수한 것으로 보인다.

이어붙인 면은 본래 3개의 구멍으로 관테를 고정하였으나 새로 덧댄 금판은 2개의 구멍만을 내어 금못으로 고정시켰고 처음 금관을 제작했을 당시에는 3개의 구멍을 내어 금관 테를 고정시켰던 것이 확인된다. 관테의 이음방법은 관테 중앙에 커다란 구멍을 뚫어서 작은 금구슬이 달린 금사로 엮어서 고정하였다. 사진158

관테나 세움 장식의 금판은 예리하게 오려내고 절단면을 잘 다듬어 붙였지만(절단면을 다듬은 것은 금관을 실제로 사용한 증거이다.) 다른 금관에 있는 점선조點線彫 문양은 없고 세움 장식의 끝부분과 뿔이 나눠지는 중앙부에만 원형의 볼록홈 장식을 만들었다. 정면과 옆면의 세움 장식은 3군데에 금못으로 고정하였고 정면의 세움 장식이 약간 크다.

금관에 달린 달개 장식은 관테와 세움 장식에 달려 있는데 관테의 앞면에는 위

사진156 금관의 우측면(위)과 좌측면(아래)

사진157 금관 테를 덧대어 늘린 부분의 안쪽면(좌)과 바깥면(우)

사진158 금관 테를 고정한 안쪽면(좌)과 바깥면(우)

아래 두 줄로 달았고 옆면은 중앙에 한 줄로 달았으며 관테에는 달개 장식이 떨어진 구멍도 보인다. 달개 장식은 원형과 아몬드형 두 종류이며 아몬드형 달개 장식은 세움 장식의 볼록홈 장식에 삼각형 형태로 3개의 구멍을 뚫어서 금실로 꼬아 세움 장식에 4개씩 모두 12개가 달려 있고, 원형의 달개 장식은 세움 장식에 28개(정면 11개, 오른쪽 8개. 왼쪽 9개)가 달려 있다. 사진156

관테에는 원형의 달개 장식만 28개이고 모두 68개가 달려 있으며 금관 크기를 늘리려고 새로 덧댄 부분은 달개 장식을 달지 않았다. 사진157

원형 달개 장식은 한 줄의 금사로 연이어 4~5개를 꿰어 달았고 이런 방식은 황남대총의 금관식에서도 나타난다. 사진159, 사진165

금관의 지름이 14cm밖에 안 되고 높이가 12,8cm로 작고 낮은 크기이며 사용 중

사진158 금관 테를 고정한 안쪽면(좌)과 바깥면(우)

에 크기를 늘린 것으로 보아 최초 금관의 주인은 어린아이로 추정된다. 어린아이가 성장하면서 금관의 크기를 조절한 최초의 사례다. 사진157

　　부산 복천동 11호 고분에서 출토된 5세기 초 금동관(보물 제1922호)과 세움 장식이 Y자형으로 유사하지만 제작방법은 교동금관이 좀더 고식이며 전술한 바와 같이 호림박물관에 소장된 신라 금관과 제작 시기가 비슷한 것으로 보인다.

　　신라 금관은 400여 년에 걸쳐서 금관의 형태가 변천하는 과정을 거치는데 초기의 Y자형에서 ㅂ자형, 변형 출(出)자형으로 전개된다. 이 교동금관은 초기 신라 금관의 형태로 신라 금관이 무엇을 상징하는지를 알려주는 매우 중요한 유물이다. 금관의 세움 장식이 의미하는 것은 무엇일까?

　　일제강점기에 신라 금관과 가야 금관을 최초로 발굴하고 목격한 일제 연구자들은 가야 금관은 풀꽃(草花文), 신라 금관은 나뭇가지(樹枝)와 사슴뿔(鹿角)로 卑下시켰고

사진160 양양 진전사지 출토 신라 금동용두(단국대학교박물관 소장)

사진161 경주 안압지 출토 금동용두(국립중앙박물관 소장)

우리는 광복된 지 70여 년이 지난 지금까지도 '일제강점기에 비하된 금관의 의미'라는 굴레에서 벗어나지 못하고 있다.

삼국시대에 상상의 동물인 용은 單角獸로 표현된다. 양쪽 눈의 중간 위쪽이나 이마의 아래부분에서 뿔이 나오면서 Y자 형태로 갈라진다. 단국대학교박물관에 소장되어있는 강원도 양양의 진전사지 출토 신라시대 금동용두와 국립중앙박물관에 소장된 경주 안압지 출토 금동용두의 뿔은 신라 금관의 세움 장식과 일치하며, 신라 금관이 용의 뿔(龍角)을 상징한다는 것을 그 당시의 유물로 실증해 주고 있다. 아울러 신라시대 제작된 다수의 용면기와를 보면 쉽게 알 수 있다. 사진162, 사진163

용의 갈라진 뿔은 1단, 2단, 3단으로 올라가면서 나뭇가지처럼 보이기도 한다. 여

사진162 용면마루기와

사진163 Y자형 뿔의 신라 녹유용면마루기와(국립중앙박물관 소장)

사진164 메트로폴리탄박물관(좌)과 리움박물관(우)에 소장된 신라 금동용두

사진165 교동금관의 내면(금사 한 줄로 달개를 여러 개 엮어 달았다.)

기에 달개 장식까지 달면 나뭇가지에 나뭇잎까지 완벽한 나무로 오인하게 된다. Y자
형태의 세움 장식이 出자 형태로 변해 가는 과정에선 '直角樹枝形'이란 이상한 용어도
만들어져 신라 금관을 나뭇가지冠과 사슴뿔(鹿角)로 전락시킨다. 이렇게 잘못된 결론
은 신라 금관에 대한 미술사적 이해와 통찰력이 부족한 결과이며 오류이다.

신라 금관의 세움 장식은 같은 조형물을 보이는 방향에 따라서 표현한 것으로
용뿔의 평면과 측면을 형상화한 것이다.

상상의 동물인 용은 고대사회에 만물의 왕이며 절대왕권의 통치자인 제왕과도

사진166 세움 장식에 달린 두 종류의 달개 장식

사진167 세움 장식을 금못으로 고정 시킨 부분

사진168 교동금관이 출토되었던 집과 석축

사진169 진전사지출토 용의 뿔(Y형)과 교동금관의 세움 장식

일맥상통한다. 용의 뿔을 상징하는 금관을 머리에 올림으로써 제왕은 엄격한 통치자의 위엄을 나타내고 감히 누구도 도전할 수 없는 절대왕권을 행사하는 신神과도 같은 존재가 되는 것이다.

올바른 역사의식과 문화재에 대한 올바른 해석은 민족의 백년대계와도 부합되

사진170 신라 금관의 세움 장식으로 사용된 여러 모습의 용뿔과 삽도

며 '금관 왕국'다운 올바른 해석과 자부심이 필요한 시점이다.

'교동금관'이 도굴되어 출토된 지 50년이나 지났지만, 국가기관이 소장한 신라 금관 중에 유일하게 국가지정문화재로 지정이 되지 못하고 있다. 유물의 중요도에 상응하게 문화재로 지정하고 금관의 출토 지점도 표석을 세워서 신라 금관의 의미를 국민과 공유할 수 있게 해야 하고 후세에도 알려야 할 것이다.

이 금관은 신라 금관 중에 유일하게 정면과 후면의 관테 넓이가 다르다. 금관의 앞부분이 뒷부분에 비하여 넓은 것이다. 금관의 넓이가 일정한 다른 금관들과 대비되

사진171 신라 금동용두(진전사지 출토)와 교동금관 세움 장식의 비교

사진172 교동금관의 옆면과 뒷면

며 삼국시대 모든 금관, 금동관에서 볼 수 없는 특징을 지니고 있다. 고대 그리스 에트루리아 금관과 유사하다. 그러나 교동금관이 제작 시점이 수백 년이나 차이 나는 고대 그리스 에트루리아 금관과 관련이 있는 것은 결코 아니다. 사진172

(3) 황남대총금관(국보 제191호)

황남대총은 남성의 무덤으로 추정되는 남분에 추가로 조성된 여성의 무덤으로 추정되는 북분이 쌍무덤 형태로 조성된 거대한 무덤이며 왕과 왕비의 적석목곽분(돌무지덧널무덤)으로 추정된다. 두 개의 무덤으로 조성된 상태여서 1973년(북분 발굴)과

사진173 황남대총 전경(위)과 출토된 '夫人帶'명 은제 허리띠(아래)

1975년(남분 발굴)에 나누어 발굴하였다.

　　먼저 발굴한 북분에는 금관과 '夫人帶'라고 명문이 있는 은제 허리띠가 발굴되었고 무기류 등이 적게 발굴되어 여성의 무덤으로 추정되었다. 사진173 나중에 발굴한 남분에서는 고리칼을 비롯하여 다량의 무구류가 출토되었고, 발견된 피장자의 유해 일부를 조사한 결과 60대의 남성으로 판명되었다.

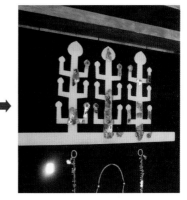

사진174 황남대총 남분에서 출토된 남성의 금동관

여성의 무덤에서는 화려한 금관이 출토된 반면에 남성의 무덤에서는 많이 훼손된 금동관이 출토되었다. 의외의 출토 결과에 당시 많은 연구자가 혼돈에 빠졌으나 아직 알려지지 않은 고대사회의 여러 가지 경우의 수를 생각할 수 있다. 사진174

첫째로 문헌에 등장하지 않는 '신라 여왕'의 존재 여부일 수 있고, 둘째로 당시 금관은 왕을 비롯한 왕족들도 착용하여 왕비의 경우에 더 화려한 금관을 선호했을 수도 있으며, 셋째로는 무덤의 구조로 보아 먼저 세상을 떠난 왕의 유품을 간직하다가 왕비의 무덤에 부장되었을 가능성도 있다.

황남대총에서는 고구려에서 제작되어 신라로 들어온 것으로 추정되는 대표적인 두 점의 유물이 발굴되었다. (뚜껑에 열십자형 고리가 있는 은합과 은관)

서봉총에서 출토된 '연수원년명은합'과 크기와 재질, 제작기법이 같은 유물이 남성의 무덤인 남분에서 발굴되었다. 서봉총의 유물처럼 명문은 새겨져 있지 않지만 보존 상태는 훨씬 양호하며 완형이다. 비슷한 유물이 두 무덤에서 출토된 것은 서봉총과 황남대총의 조성 연대가 크게 차이 나지 않고 고구려와의 관계가 밀접한 시기에 조성되었음을 유추할 수 있다. 사진175

신라의 금관 양식과 전혀 다른 은관이 남분에서 출토되었다. 이 은관은 고구려에

사진175 황남대총 출토 은합(좌)과 서봉총 출토 은합(우)

사진176 고구려계 은관 (황남대총 출토)

서 제작된 것으로 알려져왔으나 전형적인 고구려 금관의 형태는 아니다. 다만 양쪽의 세움 장식이 새털처럼 꼬아서 말아 놓은 것이 고구려식이기 때문에 고구려에서 제작된 것으로 유추하였고, 이 시기의 신라 고분에서 고구려 유물이 출토되는 사례가 많기 때문이기도 하다. 사진176, 사진178

　　이 은관의 정면 세움 장식은 관테와 함께 오려낸 것으로, 따로 오려내서 붙이지

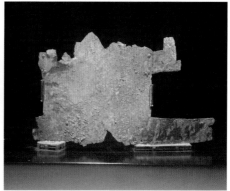

사진177 고령 출토 가야 금동관(좌)과 일본 도쿄국립박물관 소장 가야 금동관(우)

않고 양쪽의 세움 장식만 붙여 세운 것이다. 정면의 세움 장식이 넓고 관테와 애당초 붙어 있는 경우는 일본 도쿄국립박물관에 소장된 가야시대의 금동관이 유일하다. 관테와 세움 장식을 구분하여 별도로 자른 다음에 금못이나 금실로 세움 장식을 고정하는 기존 금관 제작 방법과는 다른 방식으로 주목되며, 고구려 금관과 가야 금관의 공통점도 찾을 수 있다.

은관의 관테와 정면 세움 장식에는 금동 달개 장식을 매달았고 점선무늬로 가장자리를 장식했다.

정면의 세움 장식이 넓은 경우는 고령에서 출토된 가야 금동관이 한 점 더 전해지지만 정면의 세움 장식은 별도로 제작하여 관테에 붙인 경우다. 사진177

고구려 금동관의 세움 장식에 꼰 기법은 무엇을 표현한 것일까? 평양 청암리 절터에서 출토된 고구려 불꽃무늬금동관의 세움 장식을 보면 불꽃이 타오르는 모습을 가느다란 금속 줄기를 잘라서 꼬아 올려서 표현했다. 덕흥리 벽화고분의 불꽃무늬의 타오르는 모습을 금속으로 표현한 것이다. 자칫 새의 깃털로 보일 수 있지만, 태양과 영원불멸을 상징하는 불꽃을 형상화하였다. 사진178, 사진179

황남대총에서는 금관의 부속구인 관모, 관모 장식 등이 함께 출토되었다. 관모

사진178 고구려 금동관, 의성 출토 금동관(위) 국내성 출토 금동장식(아래)

는 자작나무 껍데기로 만든 것과 금동, 은으로 만든 것이 출토되었고 용각관은 금으로 만든 것이 출토되었다. 사진180, 사진181

　　이 무덤의 축조 연대를 추정하는 방법으로 제일 정확한 것은 제작 절대 연대를 알 수 있는 유물을 확인하는 것이다. 출토된 유물 중에 고구려와 중국에서 제작되어 수입된 것으로 열십자고리은합과 육조시대에 제작된 흑갈유광구병을 사례로 들 수

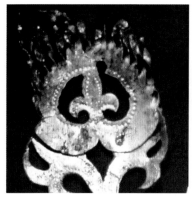

사진179 고구려 불꽃 세움 장식 부분(좌)과 덕흥리 벽화고분의 불꽃 무늬(우)

있다. 사진175, 사진182

수입된 병이 제작되기 시작한 4세기 이후에 황남대총이 조성되었는데 남분은 4세기 중엽, 북분은 4세기 말에서 5세기 초반으로 볼 수 있다. 아울러 금관과 더불어 출토된 각종 장신구와 무구류, 마구류, 토기류 등의 제작 시기도 같이 파악할 수 있게 된다. 남자의 무덤이 조성된 후에 여성의 무덤이 덧대어 축조된 것으로 보인다.

북분에서 출토된 금관은 여성의 머리 부분에서 출토되었는데, 매장 당시에 금관을 머리에 씌웠던 것으로 추정된다. 현존하는 7점의 신라 금관 중에 세 번째로 이른 시기에 제작된 것으로 出자 형태의 금관으로는 가장 빠른 시기에 제작되었다. 3단의 세움 장식과 관테에 곡옥과 달개 장식이 매달린 화려한 형태로 드리개 장식이 대칭으로 3쌍이 달려 있었다.

황남대총금관은 관테에 5개의 세움 장식을 조합한 전형적인 신라양식의 금관으로 용의 뿔을 형상화한 것이다. (평면에서 본 용의 뿔 3개, 측면에서 본 용의 뿔 2개)

관테와 세움 장식의 결합은 3개의 금못으로 고정하였으며 세움 장식은 관테 안쪽 면의 중간 부분까지 접해 있고 절단면은 곱게 갈아내어 다듬었다. 사진184

금관에 달린 곡옥은 관테의 곡옥이 가장 크며 세움 장식의 곡옥은 윗단으로 올

사진180 황남대총에서 출토된 관모(절풍)들

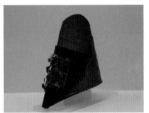

사진181 황남대총에서 출토된 관모장식들

라갈수록 대체로 작아진다. 고대 국가의 절대왕권을 상징하는 곡옥은 용을 형상화한 것이다. 금관에 매달린 곡옥은 간혹 재질이 다르고 다른 모양과 뚫려 있는 구멍의 크기가 심한 편차가 나는 것을 볼 수 있다. 이것은 처음 금관을 제작할 때 동시에 제작된 곡옥이 아니고 금관을 상용하는 중에 보수한 것으로 보아야 한다. 보수할 때 별도로 제작했거나 여유분으로 보관하던 곡옥으로 보완한 것이다. 만약 금관이 단순 부장

사진182 흑갈유광구병(육조시대)과 춤추는 신라 토우(황남대총 출토)

사진183 눕혀 놓은 황남대총금관

용이라면 곡옥의 형태가 동시에 제작하여 일정했을 것이다. 금관은 오랜 기간에 걸쳐서 여러 차례 보수하면서 사용되다가 주인의 죽음으로 같이 부장된 것이다.

곡옥의 기원은 신석기시대 홍산문화의 옥룡이며 고조선의 강역이었던 만주지방

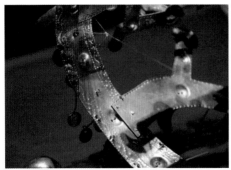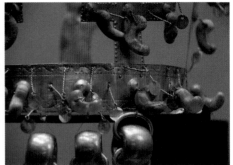

사진184 관테와 세움 장식 접합 내외면

이나 한반도에서 계속 진화하여 삼국시대에 이르게 된다.

신석기시대 처음 출현 옥룡은 삼국시대에 여러 형태로 발전 변형되어 나타나는데 홍산문화의 중심지에서 크게 유행하였으며 한반도에는 경기도 파주 주월리 신석기 유적지에서 유일하게 발견되었다. 이사지왕 금관의 드리개 장식이나 금허리띠 장식에 용의 머리 부분이 사실적으로 표현되기도 하고 일본 텐리대학에 소장된 삼국시대 칼 손잡이 끝 고리 장식 속에는 여의주를 입에 물고 간략하게 다리까지 묘사된 용이 곡옥의 형태로 대칭으로 나타난다.

삼국시대에 이르면 모자곡옥이 등장하는데 어미용이 아기용을 품은 모습으로 절대왕권의 영속성과 다산의 기원을 포함한 포괄적인 의미가 담긴 모습으로 단순한 곡옥에서 한 단계 진화한 모습으로 발전한 것이다. 사진185

황남대총금관도 다른 신라금관처럼 오랜 기간에 걸쳐서 사용한 흔적이 금관의 여러 곳에 있으며 제작할 당시에 세워서 착용하기 위한 기술적 방법도 엿보인다. 단순 부장용이라면 눕혀 있는 피장자의 머리에 사용하는 것이기 때문에 세움 장식의 무게중심을 고려할 필요가 없으므로 세움 장식에 매단 곡옥의 크기를 일정하게 제작하여 달았을 것이다. 그러나 이 금관은 세움 장식의 윗부분으로 올라갈수록 작고 가벼운 곡옥을 매달았다. 피장자가 생전에 금관을 착용할 때 금관의 세움 장식이 휘어지

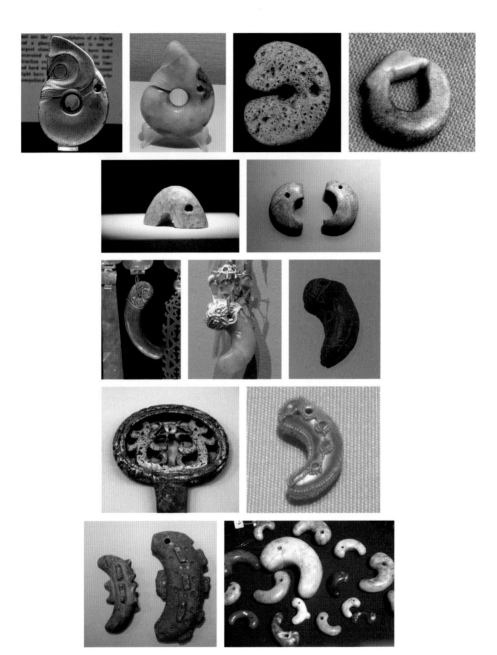

사진185 형상화된 여러 종류의 옥룡 (신석기시대부터 삼국시대까지)

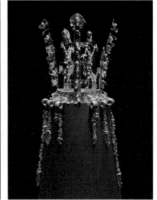

사진186 황남대총금관의 정면과 측면

사진187 크기와 모양, 재질이 서로 다른 황남대총금관의 곡옥

지 않게 고려한 것이다. 그리고 금관의 세움 장식이 휘어지지않게 세움 장식의 폭도 아랫부분은 넓고 위로 올라갈수록 좁게 만들었다. 사진187

　　이 금관이 부장용이 아니고 실제 사용된 금관이라는 증거는 금관을 여러 차례

사진188 달개 장식과 곡옥의 결구

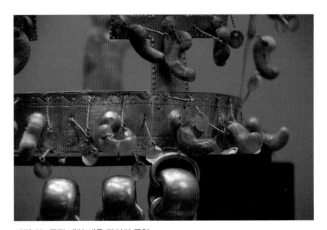

사진189 금관 테와 세움 장식의 문양

수리한 데서 찾을 수 있다. 오랜 기간 금관을 사용하면서 떨어진 곡옥을 다시 매달거나 파손된 곡옥을 다른 종류의 곡옥으로 보완해 매단 것도 있다.

　금관의 문양은 관테의 윗부분과 아랫부분에 파상문 사이에 魚子文을 장식한 연속무늬로 관테를 장식하였고 세움 장식의 가장자리에 한 줄의 점열문을 일정한 간격으로 찍었다. 관테의 두 줄과 파상문은 축조기법으로 새겼고 어자문은 누깔정으로 찍

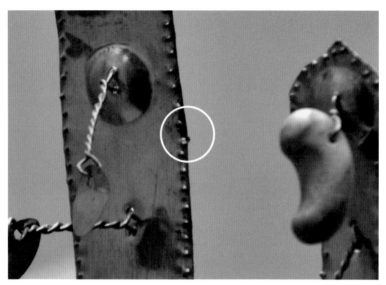
사진190 세움 장식에 구멍뚫린 점열문

었다. 사진189

    세움 장식의 점열문은 둥근 정으로 일정한 간격으로 찍었으나 망치를 세게 쳐서 구멍이 뚫린 곳도 발견된다. 사진190

    부부 합장 무덤에서 출토된 황남대총금관은 여성의 무덤에서 출토되었고 남성의 무덤에서는 금동관이 출토되었다. 생전에 남녀 모두 금관이나 금동관을 착용했다는 사실과 여성이 더 화려한 금관을 착용한 경우가 있었다는 사실이 확인된다.

    황남대총금관은 관테에 다섯 개의 용뿔 장식을 세우고 용을 상징하는 36개의 곡옥과 빛을 반사하게 하여 금관에 화려함을 더하는 달개 장식을 매달았다. 신라시대 금관은 제례의식이 거행될 때 의례용으로 사용된 것으로 추정되지만 공식적인 모임에도 사용되었을 가능성이 높다.

    금관의 높이는 27.5cm이고 드리개 장식의 최대 길이는 30.3cm로 대칭으로 3줄씩 달았다. 이 드리개 장식은 발굴 당시부터 금관에 매달려 있지 않았는데 아마도 금속 성분의 끈이 아닌 섬유질 끈으로 금관 테와 연결하였다가 삭아 없어진 것으로 보인다. 황남대총금관은 균형 잡힌 조형미와 화려함이 조화를 이룬 최고의 걸작으로 용과 용의 뿔을 형상화한 절대권력의 상징으로 신라 금속공예의 정수이다.

(4) 이사지왕(금관총)금관(국보 제87호)

1921년 9월 경주 노서동의 한 민가에서 집을 확장하려고 집 앞 경사진 언덕의 흙을 파내어 터 고르기 작업을 하였다. 이곳에서 나온 작은 구슬을 가지고 노는 동네 아이들의 모습을 본 일제 경찰에 의해 언덕의 흙 속에 유물이 있다는 사실이 처음으로 알려졌다. 연락을 받은 총독부는 급히 전문가를 파견하여 발굴하였는데 금제허리띠, 금귀고리, 금팔찌, 금반지 등 수많은 부장품이 출토되었다. 금관이 출토되어서 '금관총'으로 이름 짓고 발굴 보고서를 출간하였다. 사진191, 사진192

사진191 금관이 발견된 경주의 민가

사진192 일제강점기 발견 직후의 금관(위)과 발굴 보고서(아래)

　일제는 자국에서 발견된 최초의 금관이라며 마치 일본의 유산처럼 국내외에 대대적으로 홍보하였다. '동양의 투탕카멘'이라고 제국주의 어용학자를 동원하여 선전하였다. 금관은 조선총독부박물관에서 보관하다가 1923년 경주에 '금관고金冠庫'를 지어서 보관하였다.

　짧은 기간에 졸속으로 발굴된 이 무덤은 노출된 유물을 수습하는 선에서 종료되었다가 90년 후인 2015년에 정식으로 재발굴하여 무덤의 구조를 밝히고 최초 발굴 당

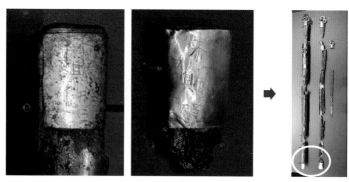

사진193 '尒斯智王', '尒斯智王刀'명문이 발견된 세고리손잡이칼

시 수습하지 못했던 유물을 추가로 수습하였다. 그리고 출토된 유물을 보존 처리하는 과정에서 칼끝 장식 양면에서 중요한 명문이 확인되었다.

칼집 끝 금동 장식에서는 '이사지왕尒斯智王', '이사지왕도尒斯智王刀'란 명문이 발견되었는데『삼국사기』나『삼국유사』의 문헌자료나 금석문 자료에서도 볼 수 없던 신라왕의 이름이다. 이 명문의 발견은 획기적인 사건으로 매우 중대한 의미를 지닌다. 그동안 발굴된 신라의 무덤에는 묘지석墓誌石이나 비석碑石이 발견되지 않아 피장자의 신원을 파악하지 못했다. 그런데 최초로 신라 왕의 이름이 무덤에서 확인된 것으로 신라시대의 '1차 자료'라는 면에서 어느 역사서의 기록보다도 더 정확도가 높다.

칼과 칼집의 전체 길이가 86cm로 피장자가 생전에 실제로 사용한 것으로 보인다. 자신의 칼에 다른 사람 이름을 새기는 경우는 거의 없고 다른 사람의 칼을 자신의 무덤에 부장하는 경우도 거의 없다. 따라서 이 칼에 새겨진 '이사지왕'이 칼의 주인이고 '금관총'은 '이사지왕릉'이 되며 '금관총 금관'은 '이사지왕 금관'이 된다. 최초로 피장자의 주인이 밝혀진 신라 금관이다.

삼국시대는 고구려나 백제도 왕의 생전에는 이름에 왕호나 태왕을 붙였고 죽은 후에는 시호를 사용하였다. '이사지왕' 역시 죽기 전에 본래 이름은 '이사尒斯'였을 것이다. '智'는 지배계층에 붙는 존칭이고 피장자가 살아생전에 사용하던 칼이기 때문

사진194 같은 상징물(龍角)의 세움 장식

이다. 사진193

이사지왕 금관은 1962년 국보 87호로 지정되었으며 내외관이 완벽히 보존된 금관으로 절정기 신라 금관의 기본형이라 할 수 있으며 금관테 지름이 19cm이고 높이는 27.5cm이다.

내관은 고깔 형태의 절풍으로 여러 장의 금판을 대칭으로 맞물려서 제작하였고 투각과 양각의 문양을 적절하게 배치하여 차분한 느낌을 주며 앞면에는 내관 장식(용각관)을 꽂을 수 있게 하였다. 내관 장식은 가장 화려하게 용무늬를 대칭으로 투각하였고 달개 장식을 달았다. 사진195

외관의 세움 장식은 다섯 개로 出자형 장식이 가운데 3개가 있고 가장자리에는 '뿔'형 장식이 하나씩 있다. 이 두 종류의 세움 장식은 기본 줄기에서 갈라진 같은 상징물로 용의 뿔을 형상화한 것이며 보는 방향(평면을 세운 것, 측면)에 따라 다르게 표현된 것이다. 사진194

사진195 이사지왕 금관의 외관(좌)과 내관 장식, 내관(우)

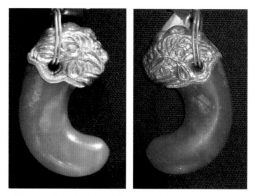

사진196 금관 드리개 장식의 용두금모곡옥(옥룡)

외관의 관테와 세움 장식에 붙어 있는 곡옥은 작은 용을 상징하며 특별히 드리개 장식 끝부분의 곡옥은 금모곡옥錦帽曲玉으로 금모金帽는 용의 머리를 조각하였다. 곡옥의 상징물이 용이라는 확실한 증거다. 사진196

사진197 이사지왕 허리띠의 금제곡옥

이사지왕의 금관은 57개의 곡옥과 133개의 달개 장식이 달려 있다. 세움 장식은 3단과 4단으로 다르게 되어있으며 금관의 순도는 19K 정도로 금과 은의 합금 형태이다. 금관의 외관은 용의 뿔을 형상화한 세움 장식과 용을 상징하는 곡옥을 볼록홈에 매달았고(천마총은 볼록홈에 달개 장식을 달았다.) 내관의 관장식은 몸통에 여러 마리의 용을 투각하고 용의 뿔을 형상화하였다. 이러한 신라 금관 자체가 고대 국가 지배계층의 전유물로 절대권력인 용을 표현한 것이다.

금관뿐만이 아니고 이사지왕의 금제 허리띠에도 금으로 제작한 곡용이 달려 있는데 곡옥이 많이 제작된 일본에도 금으로 제작된 곡옥은 아직 출토 사례가 없다. 사진197

금관을 만들 때는 제일 먼저 두께가 일정하고 얇은 금판을 제작하는 것이 첫 번째로 중요한 과제이다. 강과 하천이 많은 신라 영토에는 사금 채취가 수월했던 관계로 특별한 제련기술이 없어도 순도가 높은 사금을 녹여서 은과 배합하여 금관에 필요한 금판을 방짜기법으로 두들겨서 만들었다.

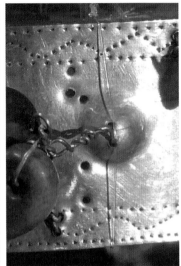

사진198 금관테의 삼각형 파상문

　금판을 오려낸 후에 세움 장식과 관테에는 둥근 정으로 볼록홈을 만들고 세움 장식의 가장자리에는 점열문을 한 줄 양각으로 새겼다. 세움 장식은 윗부분으로 올라갈수록 중심 줄기와 가지의 폭이 좁아져서 잘 세워질 수 있게 만들었고 관테에는 상단과 하단 두 줄 속에 파상문을 삼각정으로 점열문 새기듯이 축조기법으로 새겼다. 사진198

　금판 작업이 완료되면 골격이 되는 금관 테와 세움 장식, 달개 장식을 오려내고 금못, 금사를 압출인발기법으로 뽑아내어 세움 장식과 달개 장식을 연결한다. 금판에서 잘라낸 세움 장식이나 관테, 달개 등의 금관 재료는 자른 단면이 날카로워 잘 다듬은 흔적이 있는데 금관을 실제 사용한 증거이기도 하다. 단순 부장용이라면 굳이 자른 면을 다듬을 필요가 없기 때문이다. 금관에 매단 곡옥과 달개 장식은 금사로 매달았는데 곡옥은 2~4번 꼬아 달았고 달개 장식은 5번 꼬아서 더욱 튼튼하게 달았다. 사진199

사진199 세움 장식을 다듬은 흔적(좌)과 곡옥과 달개를 꼬아서 매단 방법(우)

세움 장식 가지의 크기는 윗단으로 올라갈수록 작아지고 매달려 있는 곡옥의 크기도 윗단으로 올라갈수록 작아진다. 이는 신라 장인들의 섬세함을 엿볼 수 있는 대목으로 금관을 실제로 사용할 때 세움 장식이 쓰러지지 않게 하기 위함이다. 이는 실제로 금관을 사용한 중요한 증거이기도 하다. 단순 부장용이라면 눕혀 놓기만 하면 되기 때문에 제반 사항들을 고려할 필요 없이 같은 크기로 편리하게 만들면 된다. 금관 테에 매달린 곡옥은 금관 세우기에 영향이 없으므로 가장 큰 것을 달았다. 그리고 곡옥의 재료도 일정하지 않아서 사용 중에 떨어져 나간 곡옥을 대신하여 재활용 곡옥을 매단 경우도 보인다. 사진200

세움 장식은 3개의 금못을 사용하여 금관 테의 상단에 연결하였는데 금관 테와 연결된 맨 아랫부분은 굳이 다듬을 필요가 없는 부위여서 날카로운 면이 보인다. 실제로 금관을 사용하지 않았다면 다른 곳 모두 날카로운 채로 두었을 것이다. 사진201

세움 장식은 고구려 금관(전 강서군 출토)과 가야 금관(리움 소장)의 경우 금사로 연결하였고 이사지왕 금관을 포함한 대부분의 신라 금관은 금못으로 연결하였다.

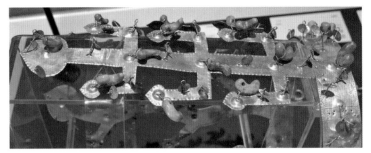
사진200 금관의 세움 장식과 곡옥

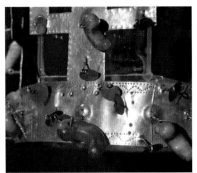
사진201 세움 장식의 연결 부분 외면(좌), 내면(우)

뒤쪽 금관 테의 결구는 위아래에 구멍을 뚫고 세 겹의 금사로 연결하여 고정시켰
다. 사진202, 사진203

　　신라 금관이 '부장용인가' 아니면 실제 사용한 '실용인가'라는 문제는 최초로 금
관이 출토된 이래로 수십 년을 설왕설래했지만 그동안 명쾌한 답이 없었다. 금관이
제작된 이유는 어느 문헌이나 금석문에서도 찾지 못했기 때문이다. 그리고 명쾌한 답
을 내지 못한 이유는 그동안의 연구 부족에 기인한다.

　　답은 '금관 자체'에 있다. 유추해서 설명하는 추상적인 해석이 필요 없다는 것이
다. 금관을 실제 사용하려고 만들었는지 단순 부장용으로 만들었는지를 금관에서 찾

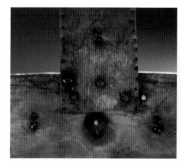

사진202 이사지왕 금관(좌)과 고구려 금관(우) 세움 장식의 서로 다른 접합 방식

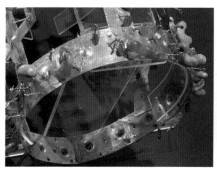

사진203 이사지왕 금관의 금관 테 이음 방식

으면 되고 실제 사용한 흔적이 있는지 없는지도 금관 자체에서 찾으면 된다.

사진204에서 금관을 오랜 기간 사용하는 도중에 보수한 흔적을 볼 수 있는데 교체된 곡옥, 곡옥을 매단 금사를 보수한 흔적, 달개 장식이 떨어져 나간 구멍 등 여러 곳에서 발견된다. 그리고 사진200에서 세움 장식의 줄기와 가지의 폭이 위로 올라갈수록 좁아져서 금관을 잘 세우기 위한 기술적 방법이 적용된 것과 잘라낸 금판을 잘 다듬어서 날카로움을 없엔 것 또한 실제 사용하기 위함이다.

당연히 이사지왕 금관도 왕의 대관식이나 국가적 제례에 사용되었을 것이며 페르시아 왕들처럼 금관을 신하나 사신을 접견할 때도 실제 사용했을 가능성이 크다.

다른 용도(목걸이)로 사용한 곡옥이 달려 있음

정상적으로 단 곡옥(좌)과 금사를 이어서 수리해 매단 곡옥(우)

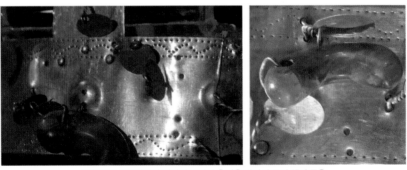

사용 중에 달개장식이 떨어진 구멍과 충격을 받아서 금이 생긴 곡옥

사진204 금관을 실제로 사용한 흔적들

사진205 눕혀 놓은 이사지왕 금관

사진206 이사지왕릉(금관총) 전경

사진201 허리띠의 金製龍頭曲龍(좌)과 드리개의 龍頭金帽曲龍(우)

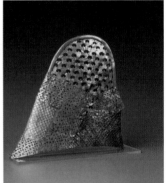

사진208 이사지왕의 금제용각관(내관장식)과 금제관모(내관)

이 금관은 그동안 금관이 발견된 무덤에서 출토되었다고 하여 '금관총금관'으로 일제강점기 일제 발굴자들에 의해 불려져 왔으나 이제는 무덤의 주인공이 밝혀진 만큼 '이사지왕금관'으로 명칭을 바꿔야 마땅하다.

　　이사지왕의 용각관은 내관에 꽂는 가운데 부분과 양쪽 3등분으로 결합되어 있

사진209 이사지왕의 관장식(용각관) 부분

다. 신라 내관 장식 중에서 가장 화려한 것으로 금판을 정교하게 투각하고 달개 장식을 매달았다. 금판의 결합 부분은 금못으로 붙였으며 테두리는 두 줄의 점열문을 축조기법으로 새겼다. 부분적으로 타공한 빈 구멍이 있는데, 사용 중에 달개 장식이 떨어진 것으로 보인다. 사진209

(5) 서봉총 금관(보물 제339호)

서봉총은 경주 노서동 129호분으로 황남대총처럼 두 개의 무덤이 합해진 부부합장묘로 추정되며 금관이 출토된 북분과 남분으로 구성되어 있다.

일제강점기 이사지왕릉(금관총)의 금관 발굴을 계기로 경주 고분에 대한 일제 고고학자의 관심이 집중되어 다음으로 발굴할 왕릉급 고분을 찾기에 혈안이 되어 있

었다. 때마침 조선경동철도공사가 철도 부지의 확장 공사를 하면서 심하게 훼손되어 봉분이 거의 없어진 서봉총의 무덤돌을 파내고 모아서 공사장의 재료로 사용하고 있었다.

이 공사장에서 사용된 돌들이 무덤에서 나온 돌임을 확인한 조선총독부 박물관장 고이즈미 아키오가 1926년 발굴을 하게 되었다. 발굴 과정에서 이 고분이 신라의

사진210 서봉총 재발굴 현장

사진211 금관의 출토 장면과 출토 직후의 금관 모습

전형적인 돌무지덧널무덤으로 그동안 발굴된 이사지왕릉, 식리총, 금령총과 같은 양식이지만 무덤의 주곽이 온전히 남아 매장된 유물이 고스란히 보존되어 있자 발굴자들은 더욱 흥분하였다. 이 소식이 조선총독부에 전해지고 총독인 사이토 마코토가 발굴 현장에 내려와서 직접 확인한 후에 본국에 소식을 전했다. 때마침 일본을 방문 중이던 고고학자 스웨덴의 구스타프 황태자가 일제의 요청에 의해서 발굴 참관 겸 경주로 오게 되었다. 사진211

서봉총이란 이름이 붙게 된 이유이기도 하다. 스웨덴의 한자식 발음에서 '瑞'자와 봉황이 있는 금관의 '鳳'자를 인용하였다. 평양박물관장이 된 고이즈미 아키오는 평양박물관에서 서봉총 유물 특별전을 개최한 후에 술자리에서 서봉총금관을 가져다가 기생에게 씌워주고 사진까지 찍는 추태를 부리다가 결국은 박물관장직에서 해임되었다. 이로 인해 금관의 달개 장식과 곡옥이 떨어지는 등 문화재가 훼손되는 끔찍한 일이 발생되었지만 일제는 우리 문화재를 자신들의 문화유산인양 전 세계에 떠벌였다. 국권을 잃은 민족이 조상의 문화마저 침탈당하는 수모를 겪게 된 것이다. 사진212

서봉총금관의 가장 큰 특징은 금관 내부에 봉황새가 달린 열십자 형태의 금관

사진212 일제강점기 서봉총금관 관련 신문기사

지지대가 있는 것이다. 현재까지 금관 지지대가 있는 금관은 서봉총금관이 유일하지만, 신라 금동관 중에는 프랑스 기메박물관 소장품, 대구 달성 37호 무덤 출토 금동관, 오구라컬렉션 금동관, 강릉 초당동 출토 금동관 등이 확인된다. 사진213

　　금관 지지대는 열십자 형태의 곡선으로 휘어져서 금관 테 4곳에 금못으로 고정시켰다. 고정된 부분 중에 왼쪽 접합 부분만 테의 외면에 고정되어 있는데, 발굴된 후에 잘못 연결해 놓은 것으로 추측된다. 사진215

　　그리고 지지대의 교차점인 정수리 부분에는 나뭇가지 위에 앉아 있는 세 마리의 봉황을 장식하였다. 이 지지대는 실제 금관을 착용할 때 흔들리는 금관을 고정시키는 기능적인 효과와 절대왕권을 상징하는 봉황의 장식적인 효과를 나타낸다. 금관이 흔들리지 않게 지지대를 사용했다는 것은 신라시대 금관이 단순한 부장용이 아니고 실제 의전용 등의 생활에 사용된 것을 증명해주는 확정적인 증거다. 단순 부장용이라면 피장자의 머리에 착용하고 눕혀 놓으면 되기에 굳이 지지대까지 만들어 사용할 필요가 없기 때문이다.

　　금관 지지대 정상부에 매달린 봉황은 각기 나뭇가지 위에 앉아 있는 모습이다.

사진213 열십자 지지대가 있는 신라금동관

사진214 서봉총금관의 봉황 지지대 정상 부분(우)

사진215 금관테 내외면에 잘못 고정된 지지대

서봉총금관의 봉황을 스키타이 틸리아 테페 금관, 사르마트 금관, 이식 쿠르간의 새와 결부시켜서 신라 금관이 스키타이의 영향을 받았다고 일부 주장하기도 하지만 이것은 제국주의 식민사학에 근거를 둔 '한민족 북방기원설'을 비판 없이 따르는 것으로 금관에 등장하는 새의 의미를 제대로 파악하지 못한 오류에 기인한 잘못된 주장이다.

서봉총금관의 봉황은 강력한 왕권과 태평성대를 상징하며, 틸리아 테페 금관과 사르마트 금관에 등장하는 새는 독수리로 그리스신화에 등장하는 제우스를 상징하고, 이식 쿠르간 고깔모자 장식의 새는 초원의 일반적인 새일 뿐이다. 단순히 새라는 이유로 제작 시기가 수백 년씩 차이나는 금관을 억지로 연결 지어 마치 신라 금관이 스키타이 금관의 영향을 받은 것처럼 논리를 펴는 것은 잘못된 주장이다. 금관에 등장하는 새의 종류도 다르고 새의 의미는 전혀 다른데 금관에 새가 있다고 하여 연관성이 있다고 단정하는 것은 오류다. 사진217

삼국시대 봉황 문양은 서봉총의 금관뿐만 아니라 삼국시대 절대왕권을 상징하는 의미로 칼자루고리, 금제관모, 은제받침찬, 전돌 등 여러 분야에서 용과 함께 자주 등장하며 스키타이문화와는 전혀 다르다. 사진216

서봉총금관은 관테에 5개의 세움 장식(3단 3개, 4단 2개)과 봉황이 달린 열십자 형태의 금관 지지대, 한쌍의 드리개 장식으로 구성되어 있으며 금관에는 곡옥과 달개 장식이 관테와 세움 장식에 달려 있다.

세움 장식은 3개의 금못으로 고정하였고 지지대도 애당초 금못으로 고정하였으나 발굴 이후에 금실로 보수하였다. 관테에는 윗단과 아랫단에 파상문과 두 줄의 점열문을 축조기법으로 조각하였으며 볼록정을 이용하여 홈을 만들고 달개 장식을 달았다. 달개 장식은 금판을 오려서 연마한 후에 구멍을 뚫고 금실로 매달았다. 그리고 다섯 개의 세움 장식과 금관 지지대의 가장자리에는 두 줄의 점열문을 돋을새김으로 새겼다. 관테나 세움 장식, 금관 지지대의 가장자리는 절단 후에 곱게 연마하여 사용 시 불편함을 없앴다. 사진218, 사진219

곡옥은 관테의 평면에 돌아가며 일정한 간격으로 매달았고 세움 장식에도 매달

사진216 서봉총금관의 봉황(맨위)과 삼국시대의 봉황장식들

았으나 여러 곳이 떨어져 소실된 상태다. 관테에 매단 곡옥이 제일 크며 세움 장식에 매단 곡옥은 윗단으로 올라갈수록 작아진다. 곡옥은 금관을 처음 제작할 때 일괄 제작한 것으로 보이는 것과 금관을 사용하는 동안에 제작되어 보수용으로 사용되거나 파손된 것도 있고 재질이 다른 것도 있다. 특히, 세움 장식에 매달린 유리곡옥은 매우

사진217 사르마트 금관, 틸리아 테페 금관의 독수리 장식과 이식 쿠르간의 새 장식

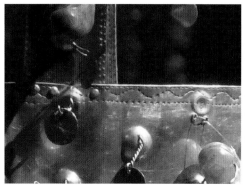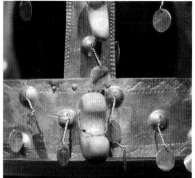

사진218 관테와 세움 장식을 고정한 금못(좌), 관테의 곡옥, 달개 장식, 파상문(우)

사진219 세움 장식의 점열문과 곱게 연마한 절단면

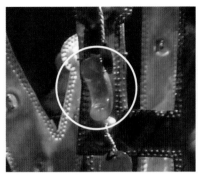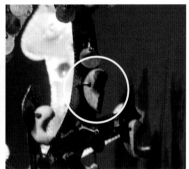

사진220 유리곡옥(좌)과 파손된 곡옥(우)

희귀한 사례인데 사용 중에 떨어져버린 곡옥을 대체한 것이다. 사진220

　　국립중앙박물관은 2015년에 서봉총금관과 동반 출토 유물 및 금관의 성분 분석 결과를 발표 전시하였다. XRF(형광X선 분석) 비파괴분석을 통하여 달개 장식, 금실(곡옥과 달개 장식을 묶은 금실), 금못을 분석하였다. 이 금관은 평균 순도 19K 정도의 금과 은의 합금으로 밝혀졌다. 순도가 높은 금에 은을 합금한 것은 세움 장식을 세우고 금관을 단단하게 만들기 위함이다.

　　금관의 주체인 관테와 세움 장식에 대한 성분비도 19K 정도로 보이는데 정확한 측정치를 알 수 없어서 아쉬움이 남는다.

　　성분비 측정값에 대해 해석할 때는 고대 금속의 중요한 특징을 파악해야 한다. 합금인 경우 그 특징이 더 두드러지는데, 하나의 금속일지라도 부위에 따라서 성분비율이 달라진다는 것이다. 다시 말하면 현대의 합금은 기계로 일정한 비율이 되도록 골고루 혼합할 수 있지만 고대의 합금은 잘 섞이지 않아서 부위별로 성분비가 다르다. 정확한 성분비를 얻으려면 가능한 여러 곳을 측정해서 평균값을 산출해야 한다. 모든 공정이 수작업이고 소량 주문생산이므로 제작 당시 금속의 재고 상황에 따라서 성분비가 달라질 확률이 높다.

　　세움 장식의 길이가 짧아서 휘어질 염려가 적은 교동금관은 금의 순도가 22K 정도로 높지만, 나머지 천마총금관(금 83.6%), 금령총금관(금 83%), 서봉총금관(금 80%)들은 20K(금 83%) 정도로 기다란 세움장식이 휘어지지 않게 은을 합금하여 강도를 높였다.

이는 금관이 제작 시기에 따라서 금의 성분비가 달라진 것이 아니라 제작되는 금제품의 종류에 따라서 금의 함유량을 조절한 것이다. 예를 들면, 서봉총에서 출토된 금귀걸이의 태환장식(22K), 중간고리(22K)는 금관(20K)보다 순도가 높은데 함께 출토된 같은 시기 유물의 순도가 차이가 나는 것은 시기에 따라 일률적으로 금의 순도가 변하지 않고 종류에 따라서 순도가 다르다는 것을 의미한다. 그리고 서봉총금관(20K)의 봉황 지지대는 18K 정도로 금관을 구성하는 관테나 세움 장식보다 보다 금의 순도가 현저히 떨어진다. (금관을 만든 금판과는 다른 별도의 금판을 제작해서 만든 것으로 보인다.)

전 강서군 출토 고구려 불꽃무늬금관은 순도가 18.5K 정도로 신라 금관의 순도보다 금의 함유량이 약간 떨어진다. 신라 금관처럼 은을 합금한 이유는 금관의 강도를 높여서 세움 장식이 휘어지지 않게 하려는 기술이 적용된 것이며 실제로 금관을 사용한 증거이기도 하다.(표1)

표 1. 서봉총금관과 고구려 금관(전 강서군 출토)의 성분 분석 비교 　　　　　　　　단위: wt%

분석 자료	서봉총금관		고구려 금관		비고
	금 , 은		금 , 은		
달개 장식	81.4 , 17.9		78.5 , 19.9		
금실(달개 장식)	78.5 , 20.4		76.1 , 21.9		
금실(곡옥)	79.6 , 19.6		*		

출토된 신라 금관들은 제작 시기를 정확히 알 수 있는 유물이 한 점도 없다. 다만 무덤의 구조, 동반 출토된 유물의 제작 시기를 비교하여 제작 연대를 추정할 뿐이다. 그러나 서봉총은 출토된 금관의 제작 연대를 추정할 수 있는 동반 유물이 출토되었다. 뚜껑에 열십자 형태의 고리가 달린 커다란 은합(높이 15.6cm, 입지름 18cm)이 출토되

延壽元年太歲在卯三月中　　…壽元年太歲在辛
太王敎(敬?)造合杆用三斤六両　三…太王敎(敬?)造合杆…
　　　　　　　　　　　　　　三斤

사진221 '延壽元年(辛卯)'銘 은제합(위)과 명문(아래)

　었는데 은합의 뚜껑과 몸통에 새겨진 명문이 서봉총금관의 제작 시기를 추정할 수 있
게 하였다. 이런 형태의 합은 고구려식으로 고구려 국내성의 무덤(칠성산1196호 무덤)에
서 출토된 사례가 있으며 명문에 보이는 '태왕太王' 역시 고구려의 호칭으로 이 은합
은 고구려에서 하사한 것으로 보인다. 사진221

　'연수延壽'는 고구려 광개토태왕의 첫번째 연호로 보이며 '辛卯'는 광개토태왕 원

사진222 황남대총은합, 서봉총은합, 고구려청동합, 압독국청동합(경산조영동), 천마총청동합

사진223 백제 금동대향로(좌)와 백제 금동용봉문관모, 금동봉황문허리띠(황남대총)

년(391년)이나 장수왕 39년(451년)으로 볼 수 있는데 광개토태왕이 즉위 기념으로 신라에 하사했을 가능성이 더 높다.

무덤의 양식과 동반 출토된 금속제 유물이나 토기, 유리 등이 대부분 4세기 말~5세기 초 유물로 추정되기 때문이다. 이 시기는 신라 눌지왕 35년에 해당되므로 서봉총금관은 눌지왕을 전후하여 제작된 것으로 보인다.

서봉총금관은 십자 지지대의 봉황 장식이 있는 유일한 신라 금관이다. 봉황은 예로부터 왕실과 태평성대를 상징하여 삼국시대 왕실이나 사찰 유적 유물의 중요한 문양으로 사용되었다. 절대왕권의 상징인 용과 더불어 최고 권력자의 표식이기도 하였다. 대표적인 유물로는 백제 금동대향로(국보제287호)를 들 수 있는데, 향로의 기단부는 거대한 용이 받치고 있으며 정상부는 봉래산 위에 봉황이 앉아 있다. 용과 봉황이 절묘한 조화를 이룬 형상으로 이보다 더 권위 있는 표현은 할 수 없었을 것이다. (공주 수촌리에서 출토된 금동관모장식도 용과 봉황문을 대칭으로 새겼고 황남대총에서 출토된 금동허리띠장식에도 봉황 무늬가 새겨져 있으며 가야의 고리칼끝장식에도 용과 봉황이 교차된 장식이 있다.) 사진223

용의 뿔을 상징하는 신라 금관에 봉황까지 곁들여진 서봉총금관은 신라 금관의 수준이 외형의 화려함과 용, 봉황의 의미가 합해져서 절대왕권이 절정에 다다른 작품이라 할 수 있다.

그동안 한민족 북방기원설을 주장하며 신라 금관이 스키타이 금관의 영향을 받은 것으로 매도하던 이론은 삼국시대 봉황에 대한 정확한 해석과 신라 금관의 상징을 이해하지 못한 결과이다. 고구려 금관이나 백제 금동관처럼 신라의 금관도 한민족의 전통에 따라서 신라인이 스스로 탄생시킨 우리 고유의 문화유산이다.

(6) 금령총금관(보물 제338호)

보물 제338호로 지정된 금령총금관은 1924년 일제강점기에 발굴되었다. 이사지왕릉에서 처음으로 금관이 출토되자 일제는 주변의 다른 무덤을 조사하여 봉분 일부가 훼손된 두 무덤을 추가로 발굴하였는데 두 번째로 금관이 출토된 금령총과 식리총이다.

금령총은 적석목곽분으로 나무방을 만들고 그 위에 작고 큰 강돌을 쌓은 후에 흙을 덮어서 만든 무덤으로 전형적인 고신라시대古新羅時代 왕족이나 귀족의 상류층 무덤이다. '금령총'이란 이름은 무덤에서 금방울이 출토되어서 지은 이름이며 누구의 무덤인지 알 수 없다.

함께 출토된 금제허리띠의 길이가 짧고 금관의 지름이 작고 큰 칼이 출토되지 않아서 어린이의 무덤으로 추정하지만, 금관의 주인이 여성이라고 볼 수 있다. 금관 지름이 성인 여성이 착용하기에 무리가 없고, 허리띠는 가죽띠가 삭아서 없어진 상태라 실제 길이를 측정하기 어렵고(허리띠 장식의 간격을 넓혀서 가죽 띠에 달았을 경우는 현재 길

이보다 훨씬 길어질 수 있다.) 여성이기 때문에 큰 칼이 부장되지 않았을 확률이 높으며, 곡옥이 달려 있지 않은 것도 신분에 따른 것이거나 금관의 무게를 줄이기 위함일 가능성도 있다.

　　사진224는 일제강점기 금관이 발굴되는 순간을 재연출한 것으로 추정된다. 주변에 둘러싸인 커다란 돌들은 모두 무덤을 만들 당시 쌓았던 돌이다. 발굴 당시에 이미

사진224 현재의 금령총(위)과 발굴 당시의 금령총(아래)

봉분의 상당 부분은 유실된 상태였기에 발굴된 금관을 손질하여 다시 매장 위치에 놓고 촬영을 연출한 것으로 보인다. 금관이 처음 출토될 때는 유기물과 이물질로 덮여 있어서 빛이 거의 나지 않을 텐데 반짝이고 있다. 금관을 닦은 후에 다시 올려놓고 촬영한 것으로 보인다.

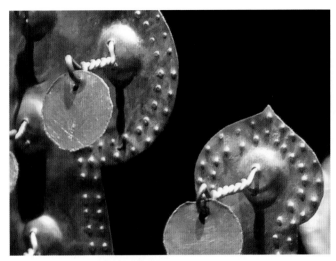
사진225 금관의 두 줄 점열문과 볼록홈, 달개 장식

　6세기 경에 제작된 것으로 추정되는 금령총 금관은 볼록홈에 달개 장식 154개를 달았으며 볼록홈을 세움 장식과 금관 테에 만들었다. 세움 장식과 금관 테의 가장자리에는 두 줄의 점열문을 나란히 새겼다. 세움 장식의 접합은 두 개의 금못으로 고정시켰으며 금판에서 잘라낸 세움 장식과 관테의 날카로운 단면을 잘 다듬었고 달개장식은 정밀하게 다듬지 않았다. 사진225

　특이한 점은 '뿔모양 장식'의 세움 장식 가지를 다른 금관들은 뿔가지까지 통으로 오려냈는데, 이와 달리 가지를 일일이 잘라내어 금못으로 고정시킨 유일한 금관이다. 사진226

　또한, 황남대총금관, 이사지왕금관, 서봉총금관, 천마총금관과는 다르게 금관에 곡옥을 매달지 않았다. 곡옥을 달지 않은 정확한 이유는 알 수 없으나 금관의 변천과정에 따른 시기적인 영향보다 금관 제작 당시에 처한 제작 환경이나 소유자의 신분에 기인한 것으로 보인다. 금관 테의 이음 방법은 다른 신라 금관처럼 이음 부분의 위아래에 구멍을 하나씩 뚫어서 굵은 금사 한 줄로 엮어서 고정시켰다. 사진227

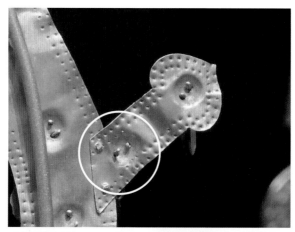

사진226 금령총금관(위)과 이사지왕금관(아래)의 뿔가지 부분 비교

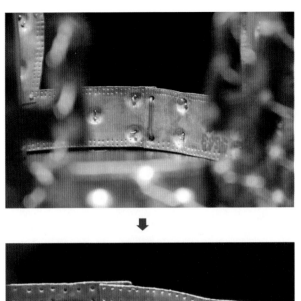

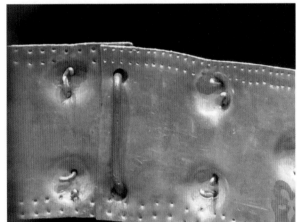

사진227 금관 뒷부분 금관 테의 이음 부분

금령총금관에는 곡옥이 매달려 있지 않았지만, 같이 출토된 허리띠에는 화려한 4점의 금모곡옥이 달려 있다. 출토된 곡옥의 수량은 적지만 그동안 신라 무덤에서 출토된 수십 종류의 곡옥 중에서 가장 화려하고 뛰어난 곡옥에 해당한다. 용을 형상화한 곡옥의 머리 부분에 금모를 장식하여 화려함의 극치를 이루었다. 사진230

같은 모양으로 쌍으로 제작하였지만 곡옥의 재질은 서로 다르게 보이는데 오른

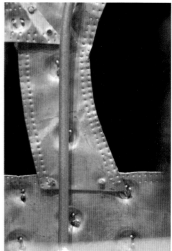

사진228 세움 장식의 이음 부분

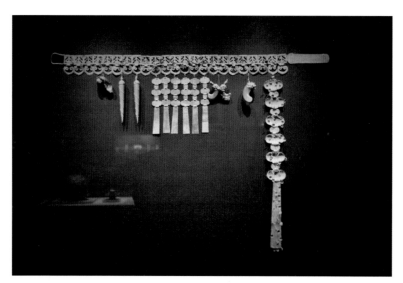

사진229 금령총 금제허리띠

사진230 한 쌍으로 제작된 금모곡옥

쪽 곡옥은 수정이고 왼쪽 곡옥은 유리로 보인다. 재질이 다른 것으로 한 쌍을 만든 것도 특이하지만 금모는 더욱 화려하고 특이하다. 금모의 정중앙에 상투 형식의 3단 장식을 했는데 맨 위의 원형고리에는 파란색 유리를 감입하였고 그 아래로 2점은 반구형의 금 장식을 서로 맞물리게 올려 놓았다. 이 반구형의 장식은 금사의 띠를 누금처럼 두르고 그위엔 작은 꽃모양 장식에 파란 유리를 감입하였다. 금모 부분은 물방울 모양의 금사를 누금 형태로 만들어 파란 유리를 감입하였다. 상투 모양의 꼭지와 금모가 만나는 부분에도 누금 모양의 금사로 장식하고 파란색 유리를 감입하였다. 현재까지 출토된 신라 곡옥은 물론이고 일본에서 출토된 곡옥을 포함하여 가장 화려하고 세련된 곡옥이다. 곡옥의 원류는 한민족이라는 명확한 증거자료다.

황남대총, 천마총, 이사지왕릉, 서봉총 등에서 화려한 금제허리띠에 달린 금모곡옥이 많이 출토되었지만 이 곡옥만큼 화려하고 세련된 곡옥은 없다. 고대 신라인의 금세공술과 유리 제작과 감입 기술이 상당히 높은 수준이었음을 알 수 있다. 사진230

사진231 유리 감입 금모곡옥

또 한 종류의 금모곡옥은 금고리까지 완벽하게 보존된 것으로 머리 부분에 금사로 동그란 장식을 만들어서 파란 유리를 감입하였다. 양쪽 귀부분에는 꼰 금사를 금고리에 연결하여 허리띠에 달았을 것으로 생각된다. 금모의 테두리와 원형의 머리 장식에는 일정한 간격의 줄을 띠처럼 장식하였다. 몸통의 옥은 백옥으로 강원도 춘천 지방에서 생산되는 옥과 같은 종류이다. 사진231

사진232 기마인물형 토기와 출토 사진

　　또한, 이 무덤에서는 국보 제91호인 기마인물형 토기 2점이 함께 출토되었는데 신라인의 말갖춤과 의복 등 생활사를 연구하는 데 매우 중요하여 획기적인 자료가 되고 있다. 귀족으로 추정되는 인물상은 절풍(고깔 형태의 모자)을 쓰고 격자 무늬의 하의를 입었으나 갑옷은 아닌듯하다. 갑옷을 입었을 경우에는 당연히 투구를 착용했어야 하기 때문이다. 타고 있는 말의 말갖춤은 등자, 띠고리, 행엽, 재갈, 안장, 띠드리개, 다

사진233 금령총금관의 측면

래 등 무덤에서 출토되는 말갖춤 장식이 모두 달려 있으며 말갈기를 꼬아 튼 말상투까지 정교하게 만들었다. 말고삐를 든 신라 귀족의 생전 모습이 재현된 것이다.

이 기마인물형 토기는 액채를 넣어 따를 수 있는 주구와 수구가 달려 있고 속이 비어 있다. 현대의 주전자로 볼 수 있으며 순수하게 부장용으로만 제작된 것은 아닌 듯하고 적어도 한 번은 제를 올리는 데 사용하고 난 후에 껴묻거리로 피장자와 함께 묻힌 것으로 생각된다. 발굴 당시 피장자의 나무관 옆에 있던 부장용 나무상자 속에서 출토되었다. 사진232

(7) 천마총금관(국보 제188호)

1970년대 경주관광개발사업의 일환으로 황남대총을 발굴하여 무덤의 내부를 공개하려고 했는데, 기술력과 경험을 얻기 위해서 옆에 있는 작은 무덤을 먼저 발굴하였다. 시범 삼아서 발굴한 이 작은 무덤에서 뜻하지 않게 금관과 천마도를 비롯한 부장품이 11,297점이나 출토되어 세간을 깜짝 놀라게 하였다. 무덤에서 출토된 유물 중

사진234 천마총(위)과 금관출토 모형(아래)

에 자작나무 껍데기로 만든 말다래에 또렷이 그려진 천마도(국보 제207호)로 인해서 '천마총'으로 이름 지었고, 출토된 금관은 높이 32cm, 지름 23cm로 그동안 발굴된 신라 금관 중에서 제일 큰 금관이었다. 천마총의 발굴 전 명칭은 황남동 제155호분이었다.

천마총 출토 유물 중에 가장 조명을 받은 유물은 금관과 천마도가 그려진 자작

나무 껍데기로 만든 말다래다. 최근에 이 천마도가 기린이라고 주장하는 이론이 재등장하였으나 상식적으로도 말에 장착해서 사용하는 도구에는 말 그림인 천마일 확률이 기린보다 우선한다고 볼 수 있으며, 고구려 벽화무덤의 천마도와도 동일계열로 고구려 마선묘구 2100호 무덤에서 출토된 금동말장식과도 유사하다. 또한, 최근에 드러난 천마총의 금동장막에도 천마 장식이 확인되었다. 사진235

천마총 금관은 현재까지 발견된 신라 금관 중에서 6세기 경 늦은 시기에 제작된 것으로 추정된다. 4단으로 된 세움 장식의 크기는 모두 같으며 58개의 곡옥과 382개의 달개 장식이 화려하게 달려 있고 210개의 볼록홈이 있다. 세움 장식의 가장자리는 두 줄의 점열문을 양각으로 장식하였고 관테에는 상단과 하단에 대칭으로 두 줄 속에 볼록홈(둥근정)과 축조기법(세모끌)으로 파상문을 새긴 후, 그 사이에 작은 연주문을 넣었다. 사진236

세움 장식은 기존 신라 금관과는 다르게 1단에서 4단까지 넓이가 같은 대신 뿔기둥과 가지가 넓어지면서 세움 장식의 지지력을 확보하였고 두 개의 금못으로 관테와 연결하였다.

다른 신라 금관들처럼 세움 장식과 금관 테의 가장자리는 절단 후에 절단면을 정밀하게 갈아내어 일상적으로 사용할 때 손에 손상이 가는 것을 방지하였다. 달개는 금관에서 오려낸 후에 자른 단면을 갈아냈으나 일부 거친 면은 남아 있고 금사로 5~6회 꼬아서 달았다. 간혹 3번 정도 느슨하게 꼬아서 매달은 것은 금관이 처음 제작된 이후에 보수한 것으로 보인다.

곡옥은 관테에 매달려 있는 곡옥이 가장 크고 세움 장식의 곡옥은 윗단으로 올라갈수록 대체로 작아진다. 이는 실제로 금관을 착용했을 때 세움 장식이 휘어지거나 쓰러짐을 방지하기 위함이며 금관을 실제 사용했다는 증거이기도 하다.

금관에 매달린 곡옥의 재질이나 형태를 보면 일정하지 않으며 금관을 사용하다가 보수한 것으로 보인다. 다른 용도로 사용했던 곡옥을 시급한 대로 금관의 떨어진 곡옥을 대신하여 대체한 것이다. 금관에 매달려 있는 곡옥 중에는 목걸이에 사용했던

사진235 천마총의 말다래(위), 장막(가운데)과 고구려 금동말장식(아래)

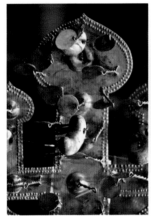

사진236 세움 장식(좌)과 금관 테(우)의 서로 다른 기법의 점열 무늬

것으로 추정되는 곡옥과 구멍이 두 개가 뚫린 곡옥, 모자곡옥, 구멍이 세로로 관통한 곡옥 등 금관 이외에 다른 용도로 사용되었던 곡옥이 있기 때문이다. 사진237

세움 장식과 금관 테의 연결은 다른 금관처럼 금못으로 고정하여 연결시켰고 모두 4단의 뿔 장식으로 곡옥과 달개 장식을 매달았는데, 다른 신라 금관과는 다르게 곡옥을 세움 장식의 볼록홈에 달지 않고 평면에 매달았다. 그리고 세움 장식과 관테에는 빈 구멍들이 많이 나 있는데 금관 제작 이후에 실생활에 사용하다가 떨어져 나간 자리와 제작 당시에 잘못 뚫은 구멍일 것으로 보이는 자리도 있다. 사진238

그리고 세움 장식의 가장자리에 새긴 두 줄의 점열문 사이로 떨어져 파인 곳은 금관의 실사용을 알려주는 중요한 흔적이다. 사진239

금관 뒷부분의 금관 테 이음은 테의 상하단에 두 개의 구멍을 뚫고 연결하여 고정시켰을 것으로 추정되지만 금사로 묶지 않고 가죽이나 섬유질 끈으로 묶었다가 이미 삭아서 없어진 것으로 보인다. 사진240

천마총금관의 달개 장식은 모두 금판을 오려내어 매달았는데 허리띠의 달개 장식은 금판을 속이 빈 둥근 정으로 찍어낸 것으로 달개 장식을 제작하는 두 가지 방법

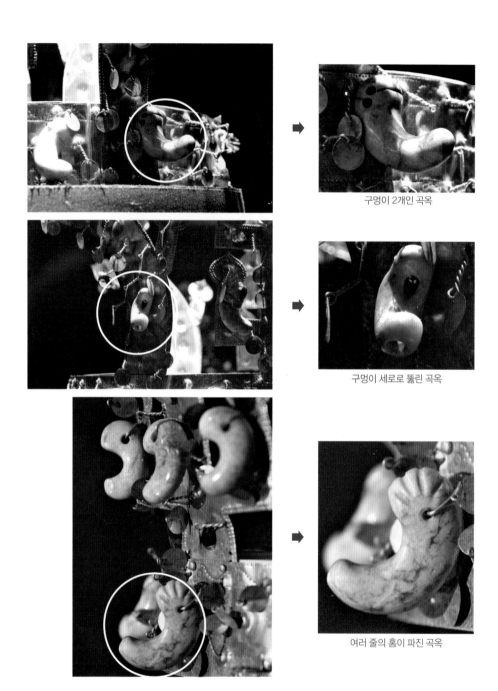

구멍이 2개인 곡옥

구멍이 세로로 뚫린 곡옥

여러 줄의 홈이 파진 곡옥

세움 장식의 모자곡옥

사진237 여러 종류 옥으로 보수된 곡옥들

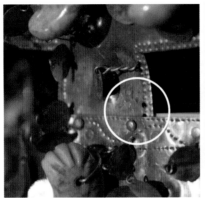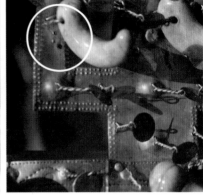

사진238 제작 당시 잘못 뚫은 구멍(좌)과 제작 후에 떨어진 곳의 구멍(우)

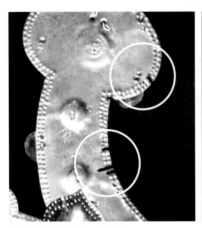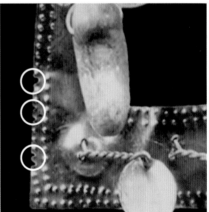

사진239 훼손된 세움 장식 부분

이 공존했다는 것을 알 수 있다. 사진243

　　금관의 세움 장식과 관테에는 달개 장식이 떨어진 구멍 여러 곳이 확인되는데 금관을 실제로 사용하던 중에 떨어졌지만 미처 보수하기 전에 부장된 것으로 보인다. 사진244

　　금관에 매달려 있는 곡옥 중에는 서로 다른 구멍의 크기, 위치와 개수, 곡옥의 머

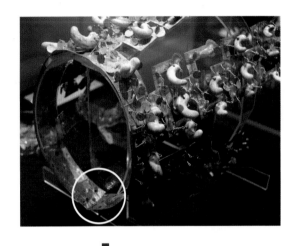

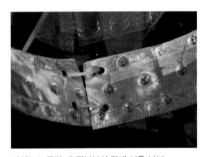

사진240 금관 테 뒷부분의 관테 이음 부분

리 부분에 여러 줄 홈이 있는 것, 꼬리 부분이 뾰족한 것, 재질이 다른 것 등은 제작 시점이 다르다는 것을 증명해 주는 것이고(부장용이라면 동일한 재료나 모양으로 만든 곡옥을 사용할 확률이 높다.) 이것은 금관을 실제로 오랜 기간 계속 수리하면서 사용하였다는 증거다.

　　또한, 금관을 제작할때 금관 테와 세움 장식, 달개 장식을 금관에서 떼어낸 후 날카로운 절단면을 곱게 갈아내어 실생활의 사용에 편리하도록 만들었다. 그리고 세움 장식에 매단 곡옥은 관테에서 윗단으로 올라갈수록 크기가 작아지는데 세움 장식이

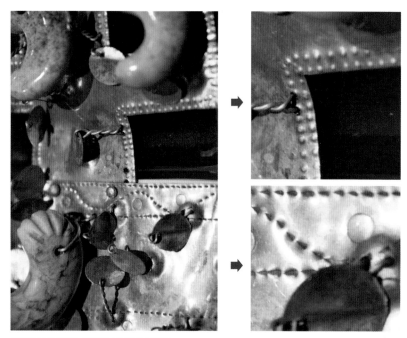

사진241 금관 테와 세움장식의 결구, 점열문

사진242 세움 장식 윗단으로 갈수록 크기가 작아지는 곡옥

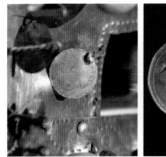

사진243 금관 달개 장식(좌)과 허리띠의 달개 장식(우)

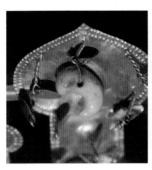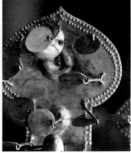

사진244 꼬리가 뾰족한 곡옥(좌)과 달개 장식이 떨어진 빈구멍(우)

사진245 세움 장식에 매달린 서로 다른 모양의 곡옥들

사진246 천마총금관의 곡옥(좌)과 일본 고분시대 요시다케고분의 곡옥(중, 우)

사진247 금관모인 내관(좌)과 용각관인 관모 장식(중, 우)

서 있을 수 있게 고려한 것이다.(부장용이라면 금관이 눕혀지기 때문에 곡옥의 크기를 다르게 할 필요가 없다.) 사진242

세로로 구멍이 뚫린 곡옥은 목걸이에 사용했던 것으로 일본 요시다케고분에서 출토된 곡옥과 같은 용도이며 보수용으로 금관을 사용 중에 매단 것이다. 사진237, 사진 246, 사진250

한편, 천마총 발굴에서 금관의 내관에 해당하는 금관모(절풍)와 관모 앞에 꽂았던 관모 장식 2점이 함께 출토되었다. 화려한 투각기법의 금관모와 관모 장식은 금관처럼 얇은 금판에 밑그림을 그리고 투각으로 조각한 다음 잘라내어 거친 단면을 곱게 갈

사진248 천마총 출토 용각관의 중심부

사진249 천마총금관(좌)과 고구려 금관(우)의 세움 장식 뒷면

아내고 금실로 달개 장식을 촘촘하게 매달았다. 다만, 발굴 과정에서 피장자는 외관만 착용한 상태였고 내관인 금관모와 금관 장식은 별도로 출토되어 내관을 항상 착용하지는 않았던 것으로 추정된다. (양산 부부총에서 출토된 금동관은 내외관이 함께 발견되었다.)

　　금관모는 금, 은, 금동, 백화수피, 비단 등 여러 종류의 재질로 만들어졌으며 삼국시대 일상생활에 사용된 고깔 형태의 모자이고 관모 장식은 새 날개를 닮아서 '조익관'이라고 불리기도 했으나 용의 뿔을 형상화 시킨 것으로 '龍角冠'이다.

사진250 세로 구멍이 뚫려 있는 곡옥(측면 뿔장식)

　　천마총금관도 다른 신라 금관처럼 세움 장식과 금관 테를 금판에서 잘라낸 후에 절단면을 곱게 갈아냈는데 그 이유는 실제로 금관을 사용했기 때문이다. 절단면을 갈지 않으면 손을 베일 수 있어서다. 사진249는 천마총금관과 전 강서군 출토 고구려 금관으로 절단면을 갈아서 세움 장식 뒷면에 미세한 턱이 생긴 경우이다.

　　살펴본 바와 같이 천마총금관 역시 다른 신라 금관처럼 실제 사용한 흔적이 금관에 고스란히 남아 있으며 부장용으로 만든 것이 아니라는 중요한 자료를 내포하고 있다. 현존하는 신라 금관으로선 6세기 경 늦은 시기에 제작된 것으로 추정되는데 세움 장식 가지의 폭이 넓어지고 크기가 모두 일정한 것도 이 시기의 특징으로 나타난다.

　　천마총금관은 금관 테에 5개의 세움 장식과 한 쌍의 드리개를 달고 곡옥과 달개 장식으로 치장한 화려한 외관과 세밀하게 투각된 내관(금관모와 관모장식인 용각관)이 어우러져서 전 세계에서도 유례를 찾아볼 수 없는 가장 수준 높은 금관으로 신라인이 탄생시킨 우리 민족 고유의 문화유산이다.

4. 가야 금관

가야의 금관은 신라 금관과 세움 장식의 의미가 일맥상통한다. 가야 금관 역시 용의 뿔을 형상화시킨 것으로 현존하는 금관은 2점이 남아 있다. 전 고령 출토 가야 금관과 일제강점기에 출토된 전 경남 출토 오구라 컬렉션 가야 금관이다. 사진251은 한국의 삼성미술관 리움에 있으며 사진252는 일본 도쿄국립박물관에 소장되어 있고, 소유주는 일본 도쿄국립박물관이다. 가야 금관의 세움 장식은 일반적으로 현재의 모습으로 형태만 생각하여 草花形이라 부른다. 즉 풀잎과 꽃이라는 뜻인데, 과연 가야의 제왕이 식물을 유난히 사랑하여 금관을 풀잎으로 만들어서 절대왕권의 위엄을 백성과 신하들 앞에서 내세웠을까?

특히, 금관의 세움 장식에 달려 있는 나뭇잎처럼 생긴 달개 장식 때문에 식물로 혼돈이 되는데, 이 달개 장식은 삼국시대 금관뿐만이 아니라 금동신발, 금제허리띠, 금제목걸이, 팔찌, 마구류, 팔 가리개 등 화려하게 꾸미는 방법으로 금속공예기법 중의 하나일 뿐, 금관의 달개 장식이 나뭇잎을 상징하지 않는다. 이 달개 장식으로 인하여 신라 금관의 세움 장식도 나무로 오인하는 경우도 생긴다. 달개 장식이 의미하는

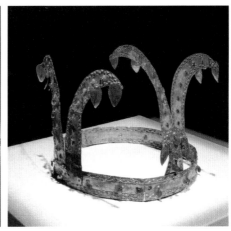

사진251 전 고령 출토 가야 금관   사진252 오구라 컬렉션 가야 금관

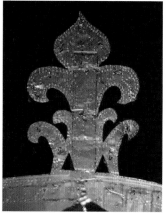

사진253 새싹처럼 생긴 황룡사지 용면와당의 뿔과 가야 금관 세움 장식

상징성은 없고 다만 빛을 반사하여 화려하게 만드는 역할을 위한 것이다.

가야 금관은 그동안 초화문을 상징한 것으로 주장되어 왔으나 사실은 신라 금관의 세움 장식과 같은 의미이며 정면에서 본 용의 뿔임이 확실하다.

사진253, 사진254에서 초화문과 비슷한 용의 뿔을 더 확인할 수 있는데 이렇게 삼국시대 형상화시킨 용의 뿔이 현대의 초화문과 흡사하여 자칫 잘못하면 강력한 절대왕권과 관련된 금관의 의미가 크게 뒤바뀔 수도 있다.

가야의 금동관으로 세움 장식이 신라의 금관인 出자형인 것도 나타나는데 합천 옥전동 M6호분에서 출토되었다. 이것은 정치적으로 신라와 밀접한 관계를 맺은 상황을 알 수 있으며 역시 용의 뿔 세움 장식으로 한 금관의 세움 장식과 일맥상통한다. 가야 금동관 중에 고령 지산동 32호묘 출토의 금동관 역시 같은 의미로 볼 수 있는데 넓은 세움 장식이 앞면에 하나만 붙어 있는 특이한 형태로 이와 비슷한 사례를 찾기 어렵다. 사진255

세움 장식의 정상부 뿔은 사진255의 돌출된 뿔과 비슷하고 양옆의 두 장식은 신라의 出자형 세움 장식과 비슷하여 낙타의 이마를 닮은 용의 이마 한 뿌리에서 뿔이

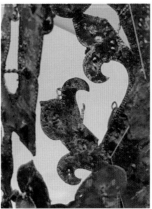

사진254 청동용면문고리와 신라 금동관 뿔세움 장식의 뿔

사진255 지산동 출토 금동관과 도쿄국립박물관의 금동관

여러 갈래로 돋아난 모습으로 신라와 가야의 세움 장식이 결합이 된 사례이다.

　사진256의 창녕에서 출토된 말방울을 보면 넓은 이마 정상부에 작은 뿔과 양 옆으로 뻗어 나온 뿔을 확인할 수 있다. 그리고 일본 후나야마(江田船山)고분에서 출토된 금동관 역시 넓은 이마에서 위로 세 갈래의 뿔이 나온 것을 확인할 수 있다.

　가야국 역시 신라처럼 제왕의 머리에 용의 뿔을 형상화한 금관을 얹음으로써 용

사진256 창녕 출토 가야 용면말방울(좌)과 일본 고분시대 금동관(우)

사진257 草花文과 비슷하게 형상화된 용의 뿔

사진258 지산동30호분과 가암동 출토 금동관

사진259 가야 은관(옥전동고분,복제품)과 금동관(일본 도쿄국립박물관)

과 동등하게 신성하고 절대적인 권력을 과시하는 결과를 얻었을 것이다.

이밖에도 가야의 금동관은 고령 지산동 30호분과 성주 가암동의 도굴된 고분에서 금동관이 훼손된 상태로 발견되었고 1992년 합천 옥전동 고분에서는 달개 장식이 80여 개나 달린 은관이 출토되었다. 사진258, 사진259

1) 전 고령 출토 가야 금관(국보 제138호)

국보 제138호로 지정된 이 금관은 가야 금관으로 알려진 국내 유일한 유물로

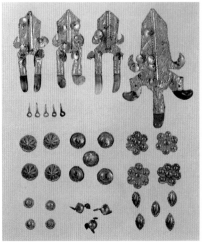

사진260 금관과 동반 출토된 금제 장식

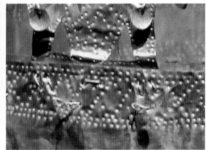

사진261 관테에 금사로 세움 장식을 이어 붙인 부분

1970년대 사회를 떠들썩하게 만들었던 현풍 도굴사건과 관련 있다고 전해진다. 현풍 도굴사건은 조직화된 도굴범들이 1963년부터 경북 달성군 현풍면에 있는 왕릉급 가야 고분을 도굴하여 수많은 고대의 유물을 국내와 해외로 불법 반출한 사건이다.

따라서, 이 가야 금관은 정확한 출토지와 소장 경위도 불분명하다. 그럼에도 불구하고 국가 지정문화재인 국보로 지정된 이유는 단 한가지다. 유물 본연의 가치가 후세에 발생한 출토지나 소장 경위에 비하여 비교할 수 없을 만큼 높고 크기 때문이다.(지난 2017년 4월 고려 금속활자의 국가지정문화재심의에 있어서 해당 문화재청 문화재위원회가 "국가지정 보물가치가 없다"라고 주장한 중요한 이유 중에 하나가 소장 경위 불분명이었다. – 소장 경위가 불분명하다고 유물의 내재적 가치는 없어지는 것은 아니다.)

전 고령 출토 가야 금관은 관테에 4개의 세움 장식이 달린 형태로 5세기 말~6세기 초에 제작된 우리나라 삼국시대 금관의 기본형식과 동일하다.

4개의 세움 장식은 같은 모양으로 3단(3마디)의 용의 뿔(龍角)을 형상화한 것으로 세움 장식마다 14개의 달개 장식을 금사로 매달아 모두 56개의 달개 장식을 달았다.

사진262 금관의 관테와 곡옥

달개 장식의 크기는 현재까지 출토된 금사의 달개 장식 중에서 가장 작다.

세움 장식의 외곽은 두 줄의 점열문을 음각으로 찍었고 중심부는 X자형으로 교차되게 찍었으며, 금관 테에는 세움 장식을 금사로 세 군데 꿰매어 매달았다. 얇은 금판을 만든 후 정교하게 오려내어 잘라내고 날카로운 부분은 잘 다듬었다. 사진261

관테에는 8개의 곡옥이 달려 있는데 곡옥의 재질이 일정하지 않고 구멍의 크기도 차이가 나며 곡옥이 매달린 간격도 일정하지 않다. 심지어 달개 장식과 같은 구멍에 같이 매달기도 하였으며 금사의 꼬임도 엉성한 느낌이 든다.(출토된 후에 인위적인 형상 변경을 짐작하게 한다.)

관테의 점열문은 상단과 하단을 중심으로 이중으로 찍었으며 연속된 격자문을 공간에 채웠다. 상하 점열문의 중심부에는 금사로 달개 장식을 매달았으며 부분적으로 떨어져서 구멍만 있는 경우도 있다. 관테와 세움 장식의 달개 장식은 100여 개가 달려 있으며 출토된 후에 인위적인 보수 흔적도 남아 있다. 사진262

사진263 전 고령 출토 가야 금관의 정면

금관 뒷면의 관테 이음 방식은 고구려, 신라처럼 상하로 구멍을 뚫어서 세로로 연결하지 않고, 관테를 약 3cm 정도 겹친 뒤 상단과 하단에 구멍 두 개씩 수평으로 뚫어서 금사로 평행이 되게 꿰매듯 연결하였고 상단은 세움 장식과 겹쳐져서 함께 묶었다. 사진261

이 가야 금관은 얇은 금판을 관테와 4개의 세움 장식으로 나누어 오려내고 금사로 이어붙인 전형적인 삼국시대 금관이다. 금의 순도도 기존 금관보다 높아 보이며(20K이상) 잘 휘어지기 때문에 세움 장식은 낮고 관테는 폭이 넓은 편이다. 세움 장식의 이음 방법은 금못을 사용하지 않고 전 강서군 출토 고구려 금관처럼 금사를 사용하여 고정시켰는데 금사를 이용한 고정 방법은 가야 금관과 고구려 금관, 단양 하리 금동관에서만 확인된다. 금관 높이는 11.5cm 관테 지름은 20.7cm 관테의 너비는 3.6cm이며 관테에 달린 곡옥의 구멍도 크기가 제각각이다.

이 금관과 동반 출토된 금장식들을 보면 금반지, 금팔찌, 옷이나 관모에 달았

사진264 용의 뿔을 새싹처럼 형상화 시킨 유물들

사진265 금사로 역은 세움 장식의 고정 방법 (가야 금관:위, 고구려 금관:아래)

을 듯한 금 달개 장식이 있고, 특이한 것으로 곡옥을 감싼 장신구 4점을 볼 수 있다. 이것은 금관 부속구는 아닌 것 같고 다른 용도의 부장품(가슴걸이 장식 등)으로 추정된다. 사진260

이 금관은 마치 풀의 새싹처럼 형상화한 용의 뿔을 4곳에 세운 금관으로 현재까지 알려진 국내 유일한 가야 금관이다.

2) 오구라 기증 가야 금관(일본 소재)

전 경남 출토 가야 금관으로 일본 중요미술품으로 지정되어 있으며 도쿄국립박물관 소장품(오구라 다케노스케 기증품)이다.

이 금관은 일제강점기에 출토된 뒤 일본인 수집가인 오구라가 매입하여 일본으로 반출한 금관으로 학술 발굴에 의한 출토 유물이 아니라서 정확한 출토지를 모르며 다만 위치가 구전될 뿐이다. 그러나 가야시대를 대표하는 금관으로 삼성미술관 리움에 소장된 가야 금관과 더불어 그 중요도는 매우 높으며 가야시대의 금공예기술과 절대왕권의 위상 등을 유추할 수 있는 진귀한 유물이다. 오구라가 반출한 이 가야 금관은 현재 고대의 금관이 한 점도 출토된 사례가 없는 일본에 소장된 유일한 금관이 되었다.

일제강점기에는 경주에서 신라 금관이 3점이나 출토되어 일본제국주의 고고학계의 큰 조명을 받았으며(금관총금관 1921년, 금령총금관 1924년, 서봉총금관 1926년) 오구라에게 판매된 가야 금관까지 모두 4점의 금관이 출토된 것이다. 그러나 오구라가 일본으로 귀국한 후에 1942년에 발간한 그의 수집품 도록에는 금관 3점과 금동관 3점이 확인된다. 현재 두 점의 금관이 행방이 묘연하며 또 다른 일본 수집가에게 팔려간 것으로 보인다.

지구상에서 가장 귀한 금속으로 만들어진 가야 금관이 상징하는 것은 무엇일까? 그동안 '草花形立飾帶冠'으로 일본 연구자들에 의해 평가절하되어왔고 국내에서도 일본 연구자의 논리를 그대로 받아들이는 경향이 있었다. 가야의 금관이 '풀꽃'을 상징한다는 의미다. 절대왕권을 상징하는 신성한 고대 금관의 상징이 과연 풀꽃일까?

가야국의 왕들은 과연 풀꽃을 상징하는 금관을 쓰고 절대왕권의 위엄을 과시하려고 했을까? 고대 가야인들이 풀꽃을 숭상했다는 기록은 전혀 찾을 수 없다. 연구자들의 단순한 착각에 의한 오해가 사실과 전혀 다른 결론을 내리게 된 것이다. 일단 가야 금관의 세움 장식은 식물이 아닐 것이라는 확신이 든다.

피지배자에게 통치자의 권위와 위상을 확실하게 인식시키기 위한 일종의 상징물로서 값비싼 재료로 만든 금관은 최고의 위엄을 염두에 두고 제작했을 것이다.

사진266 금관의 우측면(위)과 좌측면(아래)

사진267 금관 정면의 세움 장식 외면(위)과 내면(아래)

사진268 금관 옆면의 세움 장식(위), 금동허리띠장식(가운데), 청자어룡주자(아래)

사진269 옆면 세움 장식의 이음부분(위)과 보수 흔적(아래)

상상의 동물인 용은 삼국시대부터 본격적으로 제작되었으며 절대왕권의 왕과 불교에 관련된 유물에 등장한다. 이 시기에 용이 차지하는 상징성은 매우 높다. 용은 우주만물의 신성한 질서를 상징하는 최고의 동물이며 국가의 수호와 왕실의 조상신으로서 제왕의 권력을 상징한다. 그래서 왕실의 건축물이나 제왕의 장신구, 마구, 의복, 무기 등에 용의 모습이나 얼굴을 형상화하여 새겨 넣었고 그 전통은 조선시대까

사진270 관테이음 외면(위)과 내면(아래)

지 이어져서 왕의 신체나 왕이 사용하는 물건에 대한 용어도 만들어 질 정도였다.(龍顏, 龍淚, 龍袍, 龍床 등) 이런 상황에서 볼 때 고대 왕국의 제왕들은 용과 같은 신성하고 절대적인 존재가 되고 싶어 했을 것이다.

용의 눈, 코, 입, 귀, 수염은 제왕의 신체로 모두 대신할 수 있지만, 용의 가장 상징적인 뿔은 인간의 몸에 없었다. 그래서 용의 뿔을 대신할 금관을 지구상에서 가장 존귀한 금으로 제작하여 머리에 올림으로써 제왕은 용과 같은 신성한 존재가 되는 것이다. 다시 말하면, 가야 금관은 정면에서 본 용의 뿔을 형상화한 것이다. 가야나 신라인들은 용의 뿔을 마치 식물의 새싹이나 풀처럼 표현하였고 오늘날 연구자들은 이를 잘못 인지하여 풀꽃으로 오인한 것이다. 사진264

정면의 작은 세움 장식은 새싹 같은 용의 뿔을, 양옆의 길게 벌어진 세움 장식도 정면에서 본 용의 뿔을 형상화한 것이다. 사진259에서 정면에서 본 용의 뿔이 V자로 퍼져 있는 것을 볼 수 있다.

이 금관의 높이는 약 13cm이고 지름이 약 17cm로 작은 편에 속하며 금관 테와 5개의 세움 장식으로 구성된다. 전 고령 출토 가야 금관보다는 금의 함량이 낮아 보이며 순도 20K 이하로 보인다.

이 금관의 정면 세움 장식은 3개의 금못을 사용하여 고정하였으며 측면의 세움 장식은 애당초 4개씩의 금못을 사용하여 고정하였으나 오른쪽 세움 장식은 여러 개의 작은 금못으로 보강하여 사용 중에 훼손된 부분을 수리한 것으로 보인다. 사진267, 사진269

이것은 이 금관이 단순 부장용이 아니고 실제로 사용하였다는 중요한 증거로 볼 수 있다. 금관의 내면에는 갈라진 여러 부분을 은판을 대어 보강하였는데, 이는 금관 출토 후에 근세에 보수한 것으로 보인다. 사진261, 사진271

금관 뒷면의 관테 이음은 1cm정도 겹쳐서 상하로 큰 구멍을 뚫어 금실로 고정시켰는데 고구려 금관이나 신라 금관의 기법과 동일하다. 그러나 두꺼운 금사로 고정시킨 방법은 금관 출토 이후 근대에 보수해 놓은 것으로 보인다. 사진270

금관 테와 세움 장식의 주연부에는 삼각정을 이용하여 파상문과 점열문을 찍었으며 둥근 볼록홈(관테와 세움 장식의 중앙)과 타원형의 작은 볼록홈(관테와 세움 장식의 가장자리)을 타출하였다.

금관 테의 상단과 하단에 줄지어 난 한 쌍씩의 구멍을 금관의 안감이나 内帽와 바느질하기 위한 구멍으로 추측하기도 하지만 이는 잘못된 해석이다. 세움 장식과 겹쳐진 부분에 뚫린 구멍으로 바늘이 통과할 수 없기 때문이다. 또한, 황남대총에서 출

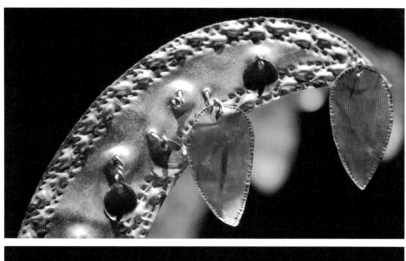

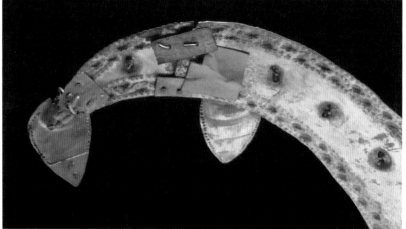

사진271 옆면 세움 장식 외면(위)과 내면(아래)

토된 자작나무 절풍의 바늘구멍은 한 칸씩 일정한 간격으로 뚫려 있다. 한 쌍씩 일정
하게 나열된 이 구멍들은 전 고령 출토 가야 금관의 관테에 달린 것처럼 달개 장식을
달았던 자리로 보아야 한다. 사진272

금관의 달개 장식은 고대 금속공예의 중요한 기법으로 상징성이 있는 것이 아니

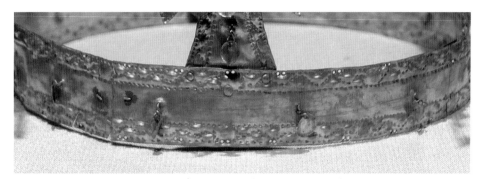

사진272 관테의 상단과 하단에 한 쌍씩 뚫린 구멍

고 완성된 조형물이 광체를 발산하도록 효과를 내기 위한 것이다. 빛을 받아 산란을 일으켜서 더욱 반짝이고 화려하게 하는 기능으로 마구나 허리띠 장식, 정강이 장식, 금동신발, 조익관 등 다양한 곳에 사용되었다. 그런데 이 달개 장식을 나뭇잎이나 풀잎으로 오인하는 사례가 있어서 신라 금관이나 가야 금관을 나뭇가지나 풀잎으로 잘못 해석하는 결론을 도출하기도 한다.

이 금관의 달개 장식은 아몬드형 달개 장식이 각 세움 장식에 두 개씩 10개가 달려있고 가장자리는 점열문을 새겼다. 작은 달개 장식은 정면의 세움 장식에 7개, 옆면의 세움 장식에 8개씩 32개가 달려 있고 관테의 중앙부에 10개가 달려 모두 59개 남아 있다. 작은 달개 장식은 모두 볼록홈 위에 달았지만 금관 테 뒷면의 볼록홈 4곳은 애당초 달지 않았다.

금관은 관테와 세움 장식의 여러 곳이 갈라지고 잘려서 보수한 흔적이 많다. 은판으로 보수한 것과 금판으로 보수한 흔적이 있는데 서로 보수 기법이 달라서 두 번에 걸친 보수작업이 실행된 것으로 보인다. 은판으로 보수한 부분은 유물 출토 후에 보수한 것으로 보이며, 금판으로 보수한 부분은 사용 중에 보수한 것으로 보이지만 좀 더 면밀한 연구가 필요하다. 사진274

일제강점기에 대구에서 전기회사를 운영하면서 엄청난 부를 축적한 오구라 다

사진273 금관의 정면(위)과 뒷면(아래)

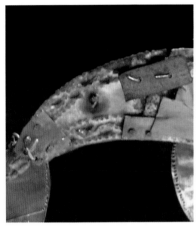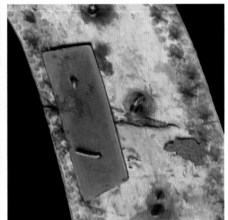

사진274 세움 장식에 금판과 은판으로 수리된 부분

케노스케는 우리나라 유물을 사들여서 일본으로 반출하였는데, 수집된 유물들은 고고학적 가치가 매우 큰 가야금관을 비롯하여 도자기, 금속공예, 조각, 불상 등 1,000여 점 이상이었다.

전쟁이 끝나고 그의 사업이 어려워지자 일부 중요한 유물은 다시 팔려나가고 나머지는 도쿄국립박물관에 기증 형식으로 양도되었다.

일제강점기에 출토되어서 우여곡절 속에 일본 도쿄국립박물관에 자리 잡은 가야 금관은 과거 일본 연구자들의 잘못된 유물 해석(풀꽃을 형상화 한 금관)으로 인하여 유물의 본질에 못 미치게 평가절하되었다. 신라에 병합당한 약소국의 이미지에 부합된 해석인 것이다. 그러나 가야 금관의 올바른 해석(절대왕권을 상징하는 용의 뿔을 형상화 한 금관)은 역사와 기록의 뒤안길로 묻혀버린 가야국을 재조명하는 연결 고리가 된다.

강력한 절대왕권의 확립과 발전된 제철기술, 활발한 해상무역 등을 전개한 고대 왕국의 모든 의미를 함축하고 있는 것이 바로 가야 금관인 것이다.

이 가야 금관은 암울한 시기에 일본인 오구라에 의해서 수집되고 유출되어 현재는 '일본 중요미술품'으로 지정되었지만 그나마 잘 보존되고 실견할 수 있어서 불행

중 다행이 아닐 수 없다.

안타까운 점은 오구라가 1942년에 발간한 그의 유물 수집도록에는 3점의 금관이 실려 있었다고 한다. 행방을 알 수 없는 나머지 금관 2점은 어떻게 찾아야 할지 막막할 따름이다. 그러나 잃어버린 유물을 찾아내는 작업은 사라진 역사를 복원하는 것과도 같다. 후손들에게 주어진 책임이자 운명이다.

3) 부산 복천동 출토 금동관(보물 제1922호)

부산 복천동 11호 무덤에서 출토된 이 금동관은 가야지역의 무덤에서 출토된 유물이지만 금동관의 형식이 신라 초기 금관과 유사하여 신라의 하사품이거나 모방품으로 인식되어 왔으며, 약 5세기 초에 제작된 것으로 보인다. 관테에 결합된 세 곳의 세움 장식은 초기 신라 금관의 세움 장식인 Y자 형태로 교동금관이나 호림금관의 세움 장식과 유사하다. 다만 세움 장식의 끝부분만 갈고리처럼 휘어져 있다. 사진275

교동금관은 3개의 세움 장식이 1단으로 되었고 호림금관은 1개의 세움 장식이 2단으로 되어 있으며 복천동 금동관은 3개의 세움 장식이 3단으로 제작되었다. Y자 형식의 초기 세움 장식이라는 공통점 외에는 달개 장식 부착 방법, 관테의 모양, 세움 장식 부착 방법, 세움 장식의 형태 등이 모두 다르다. 특히 세움 장식 가지의 끝부분이 갈고리처럼 휘어진 것은 유일하다. 이것은 세움 장식이 나무를 형상화한 것이 아니라 날카로운 뿔을 형상화한 것으로 볼 수 있다. 사진276

관테의 양 끝부분에는 신라 금관에서 자주 보이는 파상문과 점열문을 새겼고 세움 장식은 2개의 금동못으로 고정시켰으며 세움 장식의 중앙 끝부분은 보주형으로 마무리하였다. 세움 장식에는 점열문이나 별도의 새김은 하지 않았고 다만 달개 장식을 빈자리 없이 채워 달았다. 관테의 뒷부분은 결실되어 결구를 알 수 없지만, 관테를 조절하여 실제 사용한 장치가 부착되어 있다. 금동 관테의 직경이 18.7cm이고 둘레는 50cm이며 세움 장식 길이는 21cm이다.

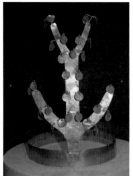

사진275 교동금관, 호림금관, 복천동 금동관(왼쪽부터)

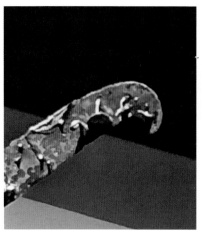

사진276 세움 장식 끝부분(좌)과 관테의 문양(우)

사진277 금동관의 세움 장식과 끝부분

사진278 금동관의 좌, 우측면

4) 고령 지산동 출토 금동관(보물 제2018호)

　이 금동관은 1978년 고령 지산동 32호 무덤에서 출토되었다. 일반적으로 초화문의 세움 장식을 사용한 가야 금관이라고 알려진 것과는 다른 형식의 가야 금동관이다. 한 개의 세움 장식에 8자 형태의 넓은 판형 장식으로 양옆에는 신라금관의 出자형

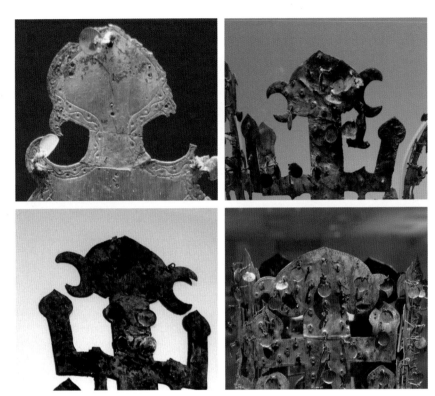

사진279 세움 장식에 달린 뿔 돌기

장식이 붙어 있다. 이 금동관이 처음 출토되었을 때 세움 장식이 특이하여 의문이 생기기 시작하였으며 무엇을 상징하는 것인지 명확한 답이 나오지 않았다. 이 세움 장식에서 주목해야 할 점은 윗부분 4곳에 소뿔처럼 나온 돌기 장식이다. 이런 형태의 돌기 장식은 신라의 금동관에서 확인되고 있는데 이홍근 기증 신라 금동관, 변종하 기증 신라 금동관, 국립중앙박물관 소장 신라 금동관 파편에서 찾아볼 수 있다. 신라 금관이 용의 뿔을 형상화시킨 것이므로 이 가야 금동관 세움 장식도 용의 뿔을 상징하는 것이다. 신라의 요소가 많이 가미 되었지만 가야식으로 변형된 금동관이다. 사진279

관테의 양옆에는 두 줄 안에 파상문과 점열문이 연속되는데 복천동 출토 금동관

사진280 금동관의 동일한 파상문(복천동, 지산동, 가암동, 도쿄국립박물관)

사진281 가야 금동관(도쿄국립박물관)

사진282 황남대총 출토 은관

과 동일하며 축조기법으로 새겼다. 이 파상문은 세움 장식의 끝부분을 채우고 있으며 중앙부에는 X자 형태로 교차하고 달개 장식을 달았던 구멍이 나 있다.

지산동 출토 금동관처럼 넓은 세움 장식의 금동관이 일본 도쿄국립박물관에 소장되어 있는데 온전한 형태는 아니지만 세움 장식의 모양은 비슷하다. 파손이 심하여 세움 장식의 전체적인 모양은 확실치 않지만, 가야 금관의 다양한 제작 방식을 알수 있는 중요한 유물이다. 이 금동관은 관테와 세움 장식이 한몸으로, 제작할 때 이미 붙은 상태에서 금동판을 오려낸 것으로 지산동 출토 금동관과 다르다. 그러나 넓

사진283 일본 후나야마무덤 출토 금동관

은 판의 세움 장식에 금동못을 사용하여 붙인 뿔과 금관 테의 파상문도 같다. 한편, 황남대총에서 출토된 고구려계 은관도 넓은 세움 장식이 앞면에 장식되어 있다. 사진 281, 사진282

일본 고분시대 후나야마무덤에서 출토된 금동관에도 중앙의 넓은 관장식에 뿔이 솟은 형태의 금동관이 있고 창녕에서 출토된 가야시대 용면 말방울에서도 확인되

사진284 청동 용면 말방울(창녕 출토)

며 리움금관처럼 새싹 모양의 뿔 장식도 후나야마무덤 출토 금동관에서 확인된다. 이 금동관들은 모두 가야의 영향을 받아서 제작된 것으로 용의 뿔을 형상화시킨 것이다. 사진283, 사진284

　　가야시대 금동관모(절풍)는 출토된 사례가 거의 없는데 옥전동 23호 무덤에서 백제계 금동관모가 출토되었다. 부산 복천동 무덤에서 출토된 신라계 금동관처럼 이 금동관모도 백제에서 전래된 것으로 추정된다.

　　일본 도쿄국립박물관에 소장된 오구라 기증 유물에는 가야 금동 내관으로 알려진 유물이 전해지는데 일제강점기에 도굴된 유물로서 정확한 출토지는 모르지만,

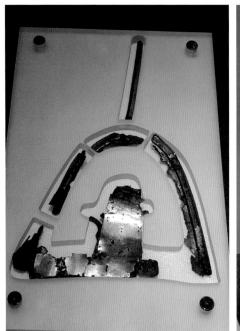

사진285 옥전동 출토 금동관모(좌)와 금동투각관모(우)

사진286 가야 금관 세움 장식과 용뿔의 비교

사진287 가야의 금동관, 은관(복제품)

현재까지 알려진 삼국시대 금동관모 중에 가장 화려하고 섬세하며 모양도 유일하다. 사진285(우)

　　가야 금관이나 금동관의 기본적인 틀은 삼국시대 금관과 같이 관테와 세움 장식, 내관으로 이루어져 있고(세움 장식이 없고 관테만 있는것도 있다.) 세움 장식의 의미는 그동안 알려진 초화문이 아니고 신라 금관처럼 용의 뿔을 형상화시킨 것이다. 사진286

머리에 착용하는 冠은 고대 사회의 신분에 따라서 차별화되고 지역과 민족의 특성에 따라서 발생 시기와 용도, 상징 등이 각기 다르게 나타난다. 인류 문명의 발생과 동시에 제정일치의 제사장은 지배자로서의 힘을 과시하는 방편으로 특별한 관을 머리에 착용하였으며, 기원전 20세기 이전부터 금관도 제작하여 사용하였다.

고대 그리스인은 처음에는 신성한 신들의 머리에만 관을 얹다가 점차로 지배자도 관을 사용하기 시작하였고, 재료도 가장 귀한 금속인 금을 이용하게 되었다. 비슷한 시기에 이집트 왕족들은 얇은 띠 형식의 금관을 실생활에 사용하였는데 정면에 보석을 감입한 코브라 장식을 단 금관이다.

투탕카멘의 금관은 이집트국립박물관에 소장되어 있는데 무덤벽화에는 금관을 쓴 투탕카멘이 그려져 있다. 이 두 금관의 모습이 일치하여서 이집트의 금관은 부장용이 아니고 실제 사용한 것을 알 수 있다.

우리나라는 이미 고조선시대에 금관을 제작하여 사용했을 것으로 추측되지만 현존하는 유물은 물론이고 문헌의 기록조차 찾을 수 없다. 그러나 삼국시대로 내려와 고구려, 백제, 신라, 가야에서 제작·사용한 유물들이 출토되어서 우리나라 금관의 발전 과정을 어느 정도 확인할 수 있는 기반이 마련되었다.

고구려의 금관은 한국전쟁 직후에 평양 청암리 절터에서 출토된 금동투각불꽃무늬관(목제보살용 보관)과 일제강점기에 평안남도 강서군 보림면 간성리에서 출토된 것으로 전해지는 불꽃무늬금관이 대표적 유물이다. 그리고 덕흥리 벽화무덤의 벽화

에서 현실계와 천상계를 구분하는 불꽃무늬벽화가 확인되어 금관의 제작 시기를 유추할 수 있다. 아울러 고구려 금관의 존재는 우리 민족문화의 정체성 정립에 획기적인 역할을 하였고 삼국시대 금관의 종주국으로서 중국의 漢族과 구분되는 韓民族만의 특수성을 증명한다.

　백제는 현존하는 금관은 없으나 금관을 제작하여 사용했을 가능성은 충분하다. 일제강점기 일본인에 의해 발굴된 나주 신촌리 출토 금동관이 갖춰진 금동관으로 유일하며 고구려 금관처럼 불꽃을 상징한다. 이후에는 외관이 사라지고 내관(절풍)이 활성화되며 내관 장식도 화려하게 발전하여 무령왕릉에서 출토된 관장식처럼 불꽃과 식물을 형상화한 금제관장식을 제작하게 된다.

　신라는 도굴하기 어려운 무덤의 구조 때문에 금관, 금동관, 동관 등 가장 많은 유물이 남아 있으며 '용의 뿔'을 상징하는 세움 장식을 붙여서 통치자는 스스로를 만물의 왕인 용으로 자처하였다. 금관의 제작과 상용화를 고구려에서 전수하였지만, 금관의 상징은 '용의 뿔'로 두고 고구려나 백제의 상징과는 차별화하였다. 도굴이 거의 불가능한 대규모 적석목곽무덤에 피장자와 함께 부장된 신라 금관은 잘 보존되어서 현존하는 유물도 사국 중에 가장 많고 금관의 변천 과정도 확인된다.

　신라 금관의 기원을 중앙아시아 스키타이 금관에 두는 일부 견해가 있는데 그 중요한 근거는 스키타이 금관의 세움 장식이 나무와 새로 구성되었다는 점과 사슴뿔의 관계다. 그러나 신라 금관의 세움 장식에는 나무가 없으며 서봉총금관의 새는 봉황으로 스키타이 금관의 새(제우스신을 의미하는 독수리)와는 전혀 다른 의미이고 시베리아 샤먼의 사슴뿔이 아닌 절대군주를 의미하는 용의 뿔이다. 서봉총금관은 용과 봉황의 결합으로 절대왕권의 더욱 강력한 군주를 의미한다.

금관의 상징뿐만 아니라 시기적인 차이와 금관 제작기법도 크게 차이가 나기 때문에 전혀 공통점을 찾기 어렵다. 그동안 신라 금관과 스키타이계 금관을 무리하게 연결해서 우리나라 금관이 중앙아시아로부터 전파된 것처럼 잘못 해석하게 하여 일제강점기의 제국주의사학자들의 주장과 같은 '한민족의 북방기원설'에 동조하는 오류를 범했다.

신라 금관과 스키타이계 금관은 전혀 연결점이 없으며 신라 금관은 우리 민족고유의 제천의식과 중앙집권화되는 과정에서 발생한 독창적인 문화유산이다.

가야는 금관 2점과 은관 1점, 금동관 4점이 현존하는데 신라의 영향을 받아 용의 뿔을 형상화시킨 관을 제작하여 절대 권력자의 머리에 착용하였다. 그러나 신라금관처럼 Y, 出자의 틀을 응용한 다른 형태의 용의 뿔 모양을 표현하였다.

고구려와 백제는 금관을 영원불멸의 '불꽃'으로 상징하여 표현하였고 신라와 가야는 절대왕권인 '용의 뿔'을 상징으로 하였다. 이렇듯 우리 민족의 금관은 한민족 고유의 전통적인 맥과 관련이 깊고 그것을 바탕으로 발전과 변화를 거쳐 완성되었다.

일제강점기 제국주의 학자들에 의해 제기된 '한민족의 북방기원설'은 전혀 근거없는 조작설이며 우리 민족을 폄하시키려는 것에 불과하다. 신라 금관의 상징과 의미

를 왜곡하여 해석한 결과에 지나지 않는다.

　그동안 신라 금관의 상징과 실용 여부에 대해 여러 가지 이론이 있었지만, 본고에서는 삼국시대의 실증유물을 증거로 신라 금관의 기원과 상징, 실용 여부에 대하여 실증 분석하였다. 그리고 고구려 금관의 실체를 규명하여 그동안 "고구려에는 금관이 없다"는 동북공정의 논리를 반박하고 이를 뒷받침하는 이론을 제시하였다.

　신채호 선생은 "역사를 잊은 민족에겐 미래는 없다"라고 하였다. 여기서 '역사'를 일깨워 주는 것이 바로 우리 민족의 '문화재'이고 그 문화재를 잘 수호하고 내재된 의미를 올바르게 해석하는 것이 우리의 역사를 잊지 않고 계승 발전시키는 것이며 민족의 미래를 보장받는 것이다.

김대환金大煥

고려대학교를 졸업하고 대학원에서 문화재보존학을 전공하였으며 지난 40년간 국내
외 발굴현장과 유적지를 답사하며 문화재를 연구하였다. 지난 15년간 대학교박물관과
국공립박물관에 신라금동불상, 고려청동탑, 고려청자, 고려도기, 조선백자, 고려와전,
벼루, 출토복식 등 5,000여점의 유물을 무상기증 하였다.
상명대학교 석좌교수, 문화재평론가, 두양문화재단 이사

〈주요 저서와 논문〉
2017년,『박물관에선 볼 수 없는 문화재 2』, 경인문화사.
2014년,『박물관에선 볼 수 없는 문화재』, 경인문화사.
2015년~2018년,「김대환의 문향」, 문화재 칼럼, 교수신문.
2016년,「고구려 '태화9년명 비천문 금동광배'의 신례」, 호불 정영호박사 팔순송축기
　　　　념논총, 학연문화사.
2014년,「삼국시대 금관의 재조명」, 동아세아 역사문화논총, 서경문화사.
2004년,「삼국시대 도침연구-고구려 명문도침을 중심으로」, 백산학보 제71호, 백산학
　　　　회, 백산문화.
1997년,「국립중앙박물관소장 고구려 청동삼족정에 대한 소고」, 고구려연구3집, 고구
　　　　려연구회, 학연문화사 등

한국의 금관

2020년 8월 13일 초판 인쇄
2020년 8월 20일 초판 발행

지 은 이 김대환
발 행 인 한정희
발 행 처 경인문화사
편 집 부 김지선 유지혜 박지현 한주연
관리·영업부 전병관 하재일 유인순
출 판 신 고 제406-1973-000003호
주　　　소 파주시 회동길 445-1 경인빌딩 B동 4층
대 표 전 화 031-955-9300　　팩 스 031-955-9310
홈 페 이 지 http://www.kyunginp.co.kr
이 메 일 kyungin@kyunginp.co.kr

ISBN 978-89-499-4901-7 93910
값 25,000원